悦己消费

新消费业态，悦己经济崛起

北 冰 ◎ 著

中国商业出版社

图书在版编目（CIP）数据

悦己消费：新消费业态，悦己经济崛起 / 北冰著. -- 北京：中国商业出版社，2023.12
ISBN 978-7-5208-2739-3

Ⅰ.①悦… Ⅱ.①北… Ⅲ.①消费心理学—研究 Ⅳ.①F713.55

中国国家版本馆CIP数据核字(2023)第231387号

责任编辑：杜 辉
（策划编辑：刘万庆）

中国商业出版社出版发行
（www.zgsycb.com 100053 北京广安门内报国寺1号）
总编室：010-63180647 编辑室：010-83118925
发行部：010-83120835/8286
新华书店经销
香河县宏润印刷有限公司印刷

*

710毫米×1000毫米 16开 13印张 140千字
2023年12月第1版 2023年12月第1次印刷
定价：68.00元

****

（如有印装质量问题可更换）

序

一本探索新消费的创新力作

生活消费是最终消费，一般是指为满足消费者（居民）物质生活消费需要与精神生活消费需要而使用、利用和变更各种物质资料、精神产品及劳务的过程。生活消费是实现人自身再生产的行为与过程，马克思称它是"原本意义上的消费"，任何人在任何时候都离不开生活消费。马克思早就说过："人从出现在地球舞台上的第一天起，每天都要消费，不管他在开始生产以及和在生产期间都是一样的。"[①] 生活消费是社会再生产过程的终点环节与目的，社会再生产总过程包括生产、分配、交换与消费四个环节，各个环节之间相互促进，互为条件。生产决定分配、交换和消费，同时分配、交换和消费也影响和反作用于生产，甚至在一定条件下对生产起决定作用。

在推进中国式现代化的伟大进程中，以习近平总书记为核心的党中央十分重视消费。党的二十大以来党中央国务院相继密集制定和颁布一系列扩大内需与扩大刺激消费的规划与政策文件。习近平总书记强调：要增强消费能力，改善消费条件，创新消费场景，使消费潜力充分释放出来。2022年底召开的中央经济工作会议将"着力扩大国内需求"作为2023

---

① 马克思：《资本论》，第3卷，人民出版社1975年版，第191页。

| **悦己消费**：新消费业态，悦己经济崛起

年重点工作之一，国务院有关部门将2023年作为"提振消费年"。在外需减弱的背景下，国内生活消费的重要性进一步凸显，亟须进一步释放消费潜力，把恢复和扩大消费摆在优先位置。同时，推动形成国内国际循环相互促进的新发展格局更需要激发消费需求这个持久的战略动力。正是在这种鼓励消费扩大消费刺激消费的大背景下，由湖南大学特聘教授、湖南省远景经济发展研究院北冰院长撰写的《悦己消费》由中国商业出版社公开出版，为我国消费经济理论与实践的研究园地增添了新的硕果！增添了春的艳丽和秋的收获！可喜可贺！作为一个学者和读者，我衷心祝贺《悦己消费》的出版，并对作者和中国商业出版社致以诚挚的谢意，感谢他们的辛勤劳动为我国消费经济研究成果的园林增添了新的景色！

　　创新是理论的生命和灵魂，这是任何一本理论著作成功的奥秘！要创新就要摒弃传统，要创新就要敢于突破既定的模式和格局。我认为《悦己消费》的最大特色与成功是创新！纵观全书，这种创新特色体现在以下几个方面。

　　1. 主题的创新。该书的主题经过了北冰教授的精心思考，在广泛吸收学术界、实际工作部门研究成果与实践经验的基础上，提炼出"悦己消费"这个主题，并从多个方面围绕主题进行专门探讨与论述，这本身就是一种创新与突破。就我的研究结论而言，生活消费一般具有下列基本特征：生活消费的个性化特征、生活消费的差异性多样化特征、生活消费的相对稳定性与动态性特征、生活消费的多层次性特征、生活消费的开放性特征。[①] 北冰研究的"悦己消费"应是与消费个性化多样化与追求高层次

---

① 柳思维主编《现代消费经济学通论》，中国人民大学出版社2006年版，第5-6页。

高质量消费相关的一个消费细分领域，但在全面倡导扩大消费释放消费潜力以推动国民经济稳中求进高质量发展的大背景下，这又是一个十分迫切需要研究的重要课题。北冰教授正是从新消费的视角抓住了这个十分敏感的主题，并紧紧围绕这一主题，分章专论，环环紧扣，结构完整，视域宏阔。全书共分为十章，每章突出重点围绕主题研究其中一个问题，题题相连，而又相对独立成篇。读完全书，使人深感"悦己消费"事关拓展消费刺激消费全局，事关更好地满足人民群众追求美好生活的需要，事关消费的高质量发展，内涵丰富，意义深远。

2. 内容的创新。本书的内容主要涉及"悦己消费"的理论与实际问题，触及新形势下新消费发展的前沿问题。如何使大量经济数据消费资料和浩繁的信息像珍珠一样穿在一起闪闪发光，产生一种动人心魄的效果，这就是理论著作要取得成功的一大突破。本书着眼于贴近现实、贴近生活、贴近民情，向广大读者全面、系统、集中地论述了"悦己消费"的来由、含义、类型与哲学逻辑以及"悦己消费"的功能，探讨了"悦己消费"的主体、"悦己消费"的品牌运营、"悦己消费"的重点行业以及发展趋势。其在内容的取舍上，一方面是注重于从实际出发，从具体事例出发，既旁征博引，又注意个案；既有宏观方面的消费数据和信息，又精心选择了消费的微观典型案例；既有对消费历史的深刻思考，又有对消费现实的清晰审视。另一方面是在控制文字篇幅的同时，注重突出重点，精选内容，避免了面面俱到，泛泛而谈，散漫空洞。因而对主题涉及的内容阐述得清清楚楚、明明白白，使人一目了然。

3. 文风的创新。早在抗日战争时期毛泽东主席就强调要在改进党风、学风的同时改造文风，反对党八股。理论著作最易跌入文字枯燥空洞、板着面孔训人、空话大话套话连篇的八股文风陷阱。本书的最大成功之一就是跳出了这种陷阱。"删繁就简三秋树，标新立异二月花。"全书一扫传统文风的死气呆板，既坚持了理论思维的逻辑性，又大胆运用文学思维的生动性，注意做到写法创新，文风朴实，文字生动，别开生面，引人眼球，尽最大努力拉近了著作与读者的距离。如第一章章名："消费之变"，从"悦人"到"悦己"；第一节到第五节的节名分别为：新生活态度崛起，"悦己消费"正当红、"悦己"与"悦人"的本质区别、"悦己"一词的心理学解读、"悦己"一词的经济学剖析、"悦己"比"悦人"更重要。这一章的章名到各节的节名都体现了这种引人入胜的新风新意。其他各章亦是如此。本书在写法上特别注意从着眼于老百姓最关注的"悦己消费"的焦点、热点起笔，如在第三章"悦己消费推动悦己经济崛起"中，对悦己经济背后的原动力、"悦己消费"下涌动的商机、悦己经济拉动行业增长、"悦己消费"为品类带来新契机等相关问题的论述或深入浅出，或浅入深出，做到了用通俗、简练、生动的文字表述了消费经济新的理论与实践问题，耐人寻味，启人思考。

4. 重要的价值。本书有重要的理论与现实价值。如本书对"悦己消费"浪潮下的商业机会和业态形式进行全面的研究，帮助读者系统性地了解悦己经济下的市场规律、商业机会与市场风险，这对新消费领域的创业者与经营者就有较好的指导作用。本书通过深入解析"悦己消费"引导读者走向一种更为理性和洒脱的消费境界，有助于读者建立健康、独立、积极向上的消费价值观。同时，本书的内容还有益于向广大消费者普及"悦己消费"的基础知识。

当然由于"悦己消费"正处于初步崛起、形成阶段，学术界对其各方面的研究尚不成熟，因而本书关于"悦己消费"的深层理论逻辑研究还有待提升，如何在充分发挥和尽可能释放"悦己消费"的功能上创新举措、如何加强对"悦己消费"的指导等方面也嫌不足。当然这都是需要继续深入研究的问题。但瑕不掩瑜，毋庸置疑，本书是一本研究新消费的创新力作。期待作者及广大中青年学者把握时代良机，在消费经济领域的研究中上下求索，纵横捭阖，大展身手，勇于创新，奉献出无愧于新时代的新成果新著作。

是为序！

柳思维[1]

2023 年 9 月　于长沙市河西公园里

---

[1] 作者系湖南工商大学荣誉一级教授、中南大学博士生导师、原国家社科基金评委、全国消费经济学会副会长及学术委员会副主任，中国商业经济学会专家委员会副理事长，1993 年起享受国务院特殊津贴专家。

前 言

消费是指利用社会产品来满足人们需要的过程，其是社会中的一个重要环节，也是最终环节。根据不同场景，消费可分为生产消费和个人消费，前者指物质资料生产过程中生产资料的使用和生活劳动的消耗，本书主要围绕后者即个人消费展开介绍。个人消费指的是人们把生产出来的物质资料和精神产品用于满足个人生活需要的行为和过程，是在"生产过程以外执行生活职能"，同时也是恢复人们劳动力和劳动力再生产必不可少的条件。[①]

改革开放40多年来，中国的消费市场在经济的不断发展、制度的不断变迁、观念的不断更新和技术的不断进步中，经历了翻天覆地的变化，这也使得中国消费市场在世界消费版图上的地位一路上升，即将超过美国成为世界第一消费大国。随着消费市场的持续升级，消费理念也从改革开放初期的温饱型消费升级到了舒适型消费，又从舒适型消费升级到了富裕型消费，继而又从富裕型消费升级到了健康型消费。在经历了四次消费升级后，终于迎来了消费的再次升级——"悦己消费"。

在目前国内复杂的经济恢复形势下，由于境外投资、外贸没有出现较大起色，以国内为消费场景的消费已经成为拉动中国内循环经济的主要动力，因此消费模式的升级起着至关重要的作用。在国内经济大循环、国内国际双循环的全新经济主体下，国民经济水平的提高，以高追求、高质量的"悦己消费"在经济总量中占有越来越大的比重。"悦己消费"标志

---

① 高鸿业：《西方经济学（微观部分）》，中国人民大学出版社2011年版。

悦己消费：新消费业态，悦己经济崛起

着消费方式进入了一个全新的时代，消费模式也从曾经以物质为需求、以功能为导向、以炫耀为目的的传统模式转变为自我感受先行、自我体验优先、自我愉悦主导的全新消费模式，即不为纪念或仪式，只为自己开心的"悦己消费"模式。①"悦己消费"的盛行，使得悦己经济应运而生。悦己经济以追求个性、独特、品质为主要目标，在提供产品和服务时也更注重消费者的感受和体验。在悦己经济中，消费者不再被价格所限制，不再在乎别人的看法，他们更愿意为更好的体验和服务买单，更注重产品和服务所带来的更全面和更美好的自我感受及体验。

中央多次会议强调："要积极扩大国内需求，发挥消费拉动经济增长的基础性作用，通过增加居民收入扩大消费，通过终端需求带动有效供给，把实施扩大内需战略同深化供给侧结构性改革有机结合起来。要提振汽车、电子产品、家居等大宗消费，推动体育休闲、文化旅游等服务消费。要更好地发挥政府投资带动作用。通过优化政策方式提升企业消费能力，通过提升收入提升居民消费能力，通过加大定向补贴力度带动汽车、电子产品、家居等大宗消费，推动体育休闲、文化旅游等服务消费，进而带动经济实现更高质量增长。"②

本书中，笔者就悦己经济的发展历程进行了详细剖析，梳理了悦己经济的演变和未来的发展预期；针对"悦己消费"浪潮下的商业机会和业态形式进行了全面的研究并帮助读者系统性地了解了悦己经济下的市场规律，发现商业机会，规避商业风险。通过深入解析悦己经济引导读者走向一种更为理性和洒脱的消费境界，有助于读者建立健康、独立、积极向上的消费价值观。

---

① 《消费升级，"悦己消费"悄然兴起》，新华网，2021-03-08。
② 《中央政治局会议要求积极扩大内需，专家提出这些促消费举措》，中共中央政治局，2023年7月24日。

目 录

第一章
消费之变：从"悦人"到"悦己"

第一节　新生活态度崛起，"悦己消费"正当红 / 2
第二节　"悦己"与"悦人"的本质区别 / 5
第三节　"悦己"一词的心理学解读 / 10
第四节　"悦己"一词的经济学剖析 / 13
第五节　"悦己"比"悦人"更重要 / 16

第二章
"悦己消费"类型刷新和丰富了"新消费哲学"

第一节　精致型"悦己消费"：爱美也爱性价比 / 22
第二节　社交型"悦己消费"：爱生活也爱运动 / 25
第三节　即时型"悦己消费"：精致加陪伴 / 28
第四节　发展型"悦己消费"：投资未来健康 / 32

第三章
"悦己消费"推动"悦己经济"崛起

第一节　"悦己经济"背后的原动力 / 36

第二节 "悦己消费"下涌动的商机 / 39

第三节 "悦己经济"拉动行业增长 / 41

第四节 "悦己消费"为品类带来新契机 / 45

第五节 企业应满足消费者的自我实现 / 48

第六节 "悦己经济"未来发展趋势展望 / 50

第七节 解析"悦己经济"三大陷阱与规避策略 / 53

第四章
解析"悦己经济"两大主体人群：新中产、年轻人

第一节 新中产阶级的"悦己"消费特点 / 60

第二节 新中产阶级的"悦己"消费洞察 / 63

第三节 新中产阶级的"悦己"消费趋势预测 / 65

第四节 年青一代消费者"悦己"消费渐成消费主流 / 68

第五节 悦己，Z世代消费者最重要的消费标签之一 / 71

第五章
"悦己经济"品牌之关键：设计、运营和内容

第一节 品牌设计一——调动视觉感官，抓住年轻人的眼球 / 76

第二节 品牌设计二——帮助消费者表达"个人的自我" / 79

第三节 品牌运营一——针对个性化需求，实行差异化运营 / 82

第四节 品牌运营二——基于生活情境，强化感官体验 / 86

第五节 品牌内容一——通过借势内容，传达悦己理念 / 90

第六节 品牌内容二——围绕"悦己"主旨，创新消费品牌 / 95

第六章
文化旅游已成"悦己消费"的重头戏

第一节　从长沙网红新业态消费看文化旅游 / 102

第二节　让旅游资源强势抢占旅游者的大脑 / 105

第三节　旅游营销需要重新定义传播的方式 / 112

第四节　文旅产业"捕捉"客户的新方式——匹配价值 / 117

第五节　"悦己消费"时代文旅爱好者的文旅新诉求 / 119

第六节　未来成功旅游地的三大刺激点 / 124

第七章
网红经济引领"悦己消费"新潮流

第一节　网红经济的发展及其产业链和生态圈 / 130

第二节　"网红店"已成引领消费潮流"风向标" / 134

第三节　网红绿植店掀起"悦己消费"新风尚 / 137

第四节　网红将如何内外兼修实现悦己 / 139

第八章
"她经济"已成"悦己消费"的主阵地

第一节　"她经济"时代女性消费从"悦人"转向"悦己" / 142

第二节　"她经济"时代下，女性的健康消费观 / 145

第三节　"她经济"时代各年龄段女性"悦己消费"知多少 / 148

第四节　"她经济"将成"悦己经济"的新商业出口 / 151

第五节　"她经济"已成"悦己"品牌发展主阵地 / 154

第九章

"悦己经济"助力美容美发行业稳健发展

第一节 "悦己经济"时代下的中国美容美发行业新趋势 / 158

第二节 "悦己经济"时代下中国医美市场的美学新态势 / 160

第三节 "小而美"消费展现美容美发行业强经济韧性 / 162

第四节 "悦己消费"盛行,商家要从趋势中创造价值 / 165

第五节 美妆品牌须玩转颜值经济,实现"悦己消费" / 168

第十章

"悦己经济"其他细分赛道的"悦己"趋势

第一节 "悦己"价值观促进购房需求新变化 / 174

第二节 "悦己经济"加快了新能源汽车发展新趋势 / 177

第三节 "悦己经济"加持了的中国日化市场新风向 / 180

第四节 "悦己经济"爆发了酒饮市场新场景 / 183

第五节 "悦己经济"带动了宠物消费新需求 / 186

第六节 "悦己经济"催生电商 B2C 鲜花订购服务模式 / 189

后 记 / 193

第一章
消费之变：从"悦人"到"悦己"

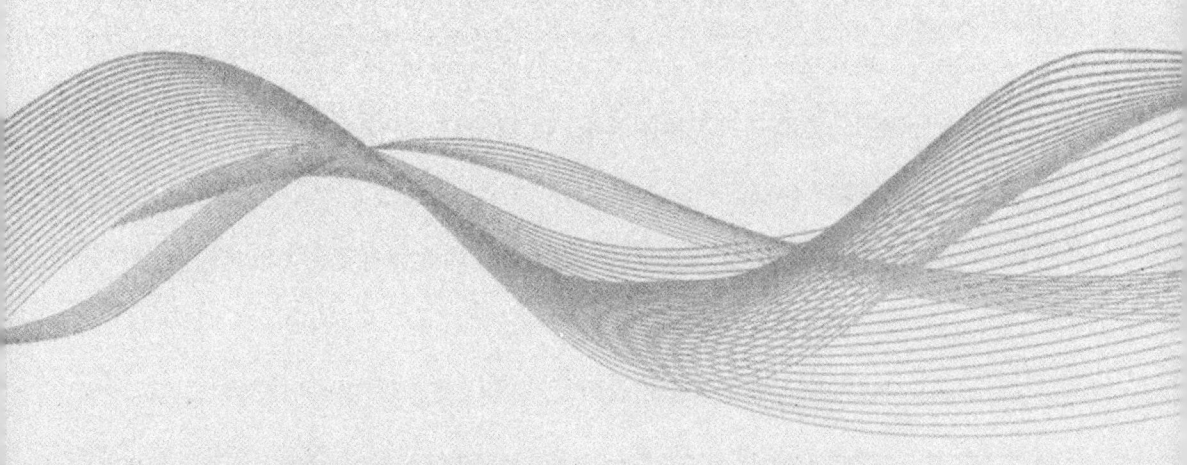

悦己消费：新消费业态，悦己经济崛起

第一节　新生活态度崛起，"悦己消费"正当红

随着中国经济的飞速发展、国民收入水平的稳步增长和百姓生活质量的不断提高，越来越多的消费者在消费习惯改变的同时，消费理念也在发生潜移默化的转变，从曾经的注重衣食住行等功能性消费理念逐渐向高品质、高追求的"悦己消费"理念转变。

"悦己消费"的名词解释是指不为纪念或仪式，只为自己开心而消费的行为。从个体的经济行为层面反映出时代变迁，也代表了人们对于美好生活的向往。[1]

"悦己消费"理念更注重消费给自身带来的愉悦，也就是只为自己开心而消费。越来越多的消费者对由于自我革新和自我改变表现出来的消费需求十分强烈，尤其是对于休闲娱乐、兴趣爱好、健康美体、精神世界的消费投入比重越来越高。[2]

中国消费者购物时更愿意在最大能力范围内取悦自我，尤以年轻人为甚，这也是"悦己消费"兴起的原因之一。

需求可以按照生理（食物和衣服）、安全（工作保障）、社交需要（友

---

[1] 高鸿业：《西方经济学（微观部分）》，北京：中国人民大学出版社2011年版。
[2] 《2018年中国消费趋势报告》，2019年1月。

谊)、尊重和自我实现。这种五阶段模式可分为不足需求和增长需求。前四个级别通常称为缺陷需求（D 需求），而最高级别称为增长需求（B 需求）。从解决吃饱穿暖的初级消费阶段，到获得社会认同的中级消费阶段，再到通过消费关乎自己感受、快乐及自我价值实现的高级消费阶段。①

经调查统计得出，当代人们的生活、工作、情绪、个性和社交正在被消费重新定义，越来越多的人开始通过消费来实现自己的价值、彰显自我个性、达到自我满足的目的。②

那么"悦己消费"这一行为是如何产生的呢？

随着社会的进步、科技的发展，伴随而来的就是生产力的高速发展和物质资源的极大富足，社会的生产和分工也进入相对稳定的阶段。此时，人们不再为吃饱穿暖等物质层面而焦虑，取而代之的是精神层面逐渐出现匮乏。由于生产组织的复杂性，个体无法直接理解身处其中的社会世界，因此必须借助更为发达和抽象的理性思维能力来把握世界运转的逻辑。而社会精细化分工导致的异质化，使人与外界的沟通变得越发艰难，个体与个体之间相互异化，甚至对彼此产生厌倦和敌意，每个独立个体所渴望的不再一致。③

在这样的情况下，人们很难再通过提升物质品质的方式来提升自己的社会地位，也就是传统消费能为人们带来价值的边际效应开始逐渐减少。

---

① Maslow, A. H.. *Religions, Values, and Peak Experiences*, New York: Penguin (Original Work Published 1966), 1970.
② 《2022 中国现代消费发展指数》，2023 年 1 月 4 日。
③ 周长武：《"悦己消费"：个体精神在物质边界的延伸》，《人民论坛》2019 年 5 月。

悦己消费：新消费业态，悦己经济崛起

无论是以工业产品为代表的第二产业，还是以服务为代表的第三产业的发展速度均已渐渐超过了消费需求，出现了供大于求的产品过剩的情况。当产能过剩，同类产品出现严重竞争，商家所能想到的最直接的办法就是通过赋予产品新的功能特点来创造新的需求。也就是当产品难以刺激消费者的物质需求时，商家通常就会通过赋予产品新的意义的方式来达到满足消费者精神需求的目的，由此，"悦己消费"应运而生。通过"悦己消费"，消费者得到了精神上的满足，商家也如愿通过新的营销手段从"红海"中脱颖而出在"悦己"理念的影响下，健康、智慧、眼界、愉悦等被赋予了全新的定义，消费品主体化的转变也相应完成。消费者不再通过获取物质化的产品来获得满足，而是通过给消费品赋予新的"定义"来帮助个体体验不同的生命的意义。①

"悦己消费"无论是对消费者本身，还是对市场以及经济的发展都起到了良好的刺激性作用。

首先，市场是由供需关系决定的，消费者的地域结构、商品类别结构和服务型产品的多样性都会在很大程度上导致供需关系出现改变，从而影响供给结构出现方向性的调整。随着"悦己消费"的需求端规模越来越庞大，其发展刺激了消费市场的均衡、平稳、快速增长，从而要求作为供给端的上游企业不断调整并优化其产业结构以满足市场不断增长的需要，由此便促进了经济市场从大到强的实质性提升。

其次，"悦己消费"的出现，大大提升了国民幸福感指数。文化类消

---

① 《消费折射时代变迁，"悦己消费"完全来临》，《消费者洞察》2022年12月8日。

费，可以提升人们的思想和欣赏水平，为人们提供愉悦的感受，放松人们的身心；体育类消费，可以帮助人们获得健康的体魄和良好的精神状态；旅游类消费可以开阔人们的眼界；保健类消费可以改善和提升人的生命质量；等等。可以说，"悦己消费"已经成为人们享受美好生活的重要手段了。[①]

第二节 "悦己"与"悦人"的本质区别

"悦人"还是"悦己"其实是两个既有矛盾又相辅相成的概念。提到"悦己"二字大家最熟悉的诗句莫过于："士为知己者死，女为悦己者容"，[②] 男人可以为赏识自己的人去死，而女子则会为那些称赞或欣赏自己的人而打扮。这句诗词中的"悦己"其实包含了两层含义，即首先是取"心爱、喜欢、称赞"之意，其次还有一种解释就是"使自己愉悦，使自己开心"之意，可见"悦己"包含了"悦己"和"悦人"的双重意思，从这个层面上来讲，"悦人"和"悦己"在某些情况下是相辅相成的，但有时二者也是相矛盾的。

"悦人者众，悦己者王。"讲的就是取悦别人的人很多，但能够真正赏

[①] 《消费升级必将持续 中"悦己型"消费崛起是好事》，中国网·财经，2019年2月11日。

[②] 《战国策·赵一·晋毕阳之孙豫让》。

识自己的人却很少。人性当中有一个非常特别却又很有趣的特点，就是人们通常会很看重别人是如何看待自己、如何评价自己的，大多数人都会因为得到了别人的一些好评或者听别人说了一些恭维的话而感到由衷的快乐；相反，也会因为别人的诋毁、别人的批评而变得闷闷不乐，而恰巧生活当中，大部分的烦恼和抑郁都源自于此。正所谓"对名声的欲望是智者最难以摆脱的"[1]。然后这种表现又是人们作为人所不可缺少的社会属性——因为想要给别人留下一个好的印象，获得他人的好的评价，而不断做着符合"大众标准和道德"的事情。这就是"悦人"和"悦己"之间的矛盾所在，也是二者之间的本质区别。

在《叔本华的人生哲学》一书中，有这样一段文字："生存环境只不过是对我们产生的一种间接影响，每一个人的心灵也并不全合乎他周围的环境，个人都活在他自己的心灵世界中。至于所处的世界如何，主要看我们以什么方式来看待之。"[2] 所以，如何在"悦人"和"悦己"之间找到一个平衡点，才是人们是否能够得到心灵的快乐与平和的关键所在。

如今，关于"悦人"和"悦己"之间的关系，人们有了全新的定义，那就是："悦人先悦己，爱己后爱人"的意识形态。亦舒在《我的前半生》一书中阐述了这样的观点："自爱，沉稳，而后爱人。好与坏，得与失，吃瓜群众们心中自有评定。这个世界，岁月最珍贵，眼睛却最骗人。"[3] 就

---

[1] 塔西佗：《叔本华论说文集》。
[2] [德] 叔本华《叔本华的人生哲学》，刘烨编译，中国戏剧出版社 2008 年版。
[3] 亦舒：《我的前半生》，北京：新世界出版社 2007 年版。

是说喜欢自己是一件非常美好而有意义的事。只有先喜欢自己，或者说先爱自己，才会由内而外散发出一种自信和自由。无独有偶，现代作家雅楠也在自己所著的书中提道："你若盛开，蝴蝶自来；你若精彩，天自安排。"①表达的也是"悦己"精神的核心所在，意思是我们不要受外界的影响，自己如鲜花般盛开，蝴蝶自然会被吸引过来；自己足够有才华，生活得足够精彩，上天自然不会辜负我们。这句话很形象地道出了"悦己"与"悦人"的关系，突出了"悦己"的积极作用，提升自己、完美自己、取悦自己，自己变完美了，自然会吸引他人，从而"悦人"也就变得轻而易举了。

所以，"悦己"是双赢。首先"悦己"可以让自己的心灵得到满足，生活变得惬意，心情变得愉悦。其次，"悦己"也会让自己成为他人眼中光芒万丈的风景。同时，在"悦己者"眼中，单纯的"悦人"只是一味地去取悦他人，哪怕是全心全意地讨好他人，别人也未必领情，更得不到别人的理解，从而使得"悦人"者在孤独失落中逐渐迷失自我。因而任何时候都应明白，人是不可以被讨好和取悦的，否则受伤的是自己。

"如果你不能做太阳，就做一颗星星。不能凭大小来断定你的输赢，不论你做什么都要做最好的一名！"②"悦己"并不是自私，也不是目中无人，而是不刻意去迎合别人。"悦己"是一种发自内心对生活的热

---

① 雅楠：《你若盛开，蝴蝶自来》，北京：中国纺织出版社，2015年版。
② 道格拉斯·马拉赫《做一个最好的你》。

悦己消费：新消费业态，悦己经济崛起

爱，是对自己的救赎和对未来的憧憬。"悦己"驱动了人们对未知世界的好奇，"悦己"促使人发现自己的不足，可以说，"悦己"是让人们保持内心与外在、个体与社会、理智与梦想之间平衡关系的最平和的一种方式。

假如无法成为山顶的青松，
就在山谷里做棵小树，
但要做小溪边最好的那棵小树。

假如无法做一棵小树，
那就做一丛灌木；

假如无法成为一丛灌木，
做一片小草地也足够欢喜。

假如无法成为香獐，
那就做一条小鲈鱼，
但要做湖里最欢快的鲈鱼。

不可能人人都是船长，

也得有人做船员。

有很多事情等着我们,

有大事要做,有小事要做,

最重要的是你身边的事。

假如无法成为公路,

那就做一条小径;

假如无法成为太阳,

那就做一颗星星。

赢还是输并不取决于你的大小,

而取决于能否做一个最好的你。①

——[美]道格拉斯·马拉赫②

---

① 《2018年中国消费趋势报告》,2019年1月。
② 道格拉斯·马拉赫(Douglas Malloch,1877年5月5日—1938年7月2日),出生于美国密歇根州西部城市马斯基根,美国诗人、短篇小说家、散文家。

第三节 "悦己"一词的心理学解读

美国心理学家卡尔·罗杰斯[①]指出：为了得到关注和爱，我们早在生命初期就会将注意力投射在生命中最重要的人身上，他们是我们的父母，是启发我们的人。我们全盘接受他们的议论、判断和评估，通过内化这些信息，从而学会取悦他们。

其实，我们每个人，甚至包括动物，从出生开始的早期成长阶段都会经历一个漫长的模仿过程，我们通常把父母、周围的人作为模仿对象，通过模仿他们的行为和经验来指导自己的成长。这种通过模仿别人使自己快速成长的过程虽然很有效，但也给人们带来了很大的副作用，那就是在潜意识里把关注的重心放到了他人的身上，以他人的行为标准为自己的行为准则，以他人的思想为自己的思想，从而被框定在别人的意识世界里，自己做出任何行为前都会先考虑别人会怎么想，会不会接受。久而久之，人们便丧失了自主思维意识，随波逐流，最后慢慢弱化掉自我，迷失掉自

---

① 卡尔·罗杰斯（Carl Ransom Rogers，1902年1月8日—1987年2月4日），美国心理学家，人本主义心理学的主要代表人物之一。他从事心理咨询和治疗的实践与研究工作，主张"以当事人为中心"的心理治疗法，首创非指导性治疗（案主中心治疗），强调人具备自我调整以恢复心理健康的能力。

我，变得缺乏自信，严重的甚至无法主导自己的生活。

所以，以"自我"的眼光看待自己就显得非常重要。首先，要把关注力的重点放到自己身上，不要去过多关注环境中其他人的评价和偏见，要培养自己对中伤和非议的抵抗力。然后树立起自己的独立管理意识，有自己的主见，用自己的思想去判断孰是孰非，孰真孰假，不被环境和其他人所影响。

要想活得精彩，彰显自我魅力，就需要有一颗独立且强大的内心。要学会自我肯定、自我取悦。"悦人先悦己，爱人先爱己"，由内而外地强大自己，才能让自己的人生绽放出耀眼的光芒。内心强大的"悦己者"，通常都具备以下特点。

一、强大的自我精神世界

"悦己者"的自我精神世界大都非常强大，孤独的时候能自我欣赏，一个人的时候会自我赋能。总之，他们通常都拥有丰富且精彩的精神世界。"自信、自爱和对自我看法"是建立强大精神世界的三大法宝。

生活中总会见到一些令人羡慕的人，他们生活得潇洒惬意、云淡风轻，从不在乎身边的风言风语，更不会被是是非非所困扰，原因就在于他们懂得自我认同、自我和解和自我欣赏。正是因为这份自信，才让他们在内心建立起了强大的安全感，从不会因为外界的评论而影响自己。以自我为中心去生活、去学习、去工作、去武装自己、去强大自己，将这份自信贯彻到自己的方方面面，做到从容、理智地工作和生活。

二、善于投资自己

"悦己者"都非常懂得投资自己,他们从不荒废生活,也从不会亏待自己,更不会放弃自己的追求。当面对别人的非议时,他们会坦然面对,绝不会因此而看低自己。他们明白,那只是别人一厢情愿地想将自己的价值观强加在他们身上,与他们自己无关。当面对生活的琐事和工作的压力时,他们不会低头,更不会放弃追求更好的自己,他们反而学会了如何平衡家庭与事业,通过不断地投资自己、提升自己,让自己始终处于上升期,让自己不断进步。

他们深知,生活是充满挑战的,要想迎难而上只能靠自己,所以自己必须有一股能够自给自足的强大的精神力量去支撑。与其去羡慕别人的潇洒,不如自己去变成那样的人,只有丰富自己的精神世界,提升自己的各项能力,始终专注于自己,才能在生活中找到属于自己的那份宁静和快乐。

三、"内外兼修"

"悦己"也是内外兼修的。俗话说"美人在骨不在皮",是说人要有内在修养,丰富的精神世界可以给人带来魅力。除此之外,外在美也能让人展现出无限的魅力。例如,美丽的外表、精致的配饰和考究的着装同样能够取悦自己,释放自己的魅力。

所以,爱美并不是肤浅的象征,反之,那些品位非凡、精致可人的人,都是以一种非常积极的态度去拥抱生活的人。

最后,笔者要说,"悦己"并不是一个简简单单的心理学概念,而是一种积极向上的生活态度。在大千世界中，虽然每个人都只是一个渺小而平凡的个体，但是要学会善待自己，不要被他人的看法所左右；要投资自己，提升自己的价值和魅力；要取悦自己，发现自己的闪光点，成为夜空中最闪亮的那颗星。

第四节 "悦己"一词的经济学剖析

随着人们开始意识到"悦己"的重要性，越来越多的人加入到了"悦己者"的行列。"悦己者"在改变生活态度的同时，也改变着自己的生活方式。"悦己者"消费的重心从简单的衣食住行逐渐向娱乐、学习、健康等多元化的消费结构倾斜，"悦己经济"一词也应运而生，甚至在"悦己经济"的基础上又衍生出了"她经济"。所以"悦己"在悄悄地改变着经济结构的同时，也在潜移默化地推动着各产业的发展。

首先，"悦己经济"是经济发展和消费升级的体现。[1] 伴随经济的高速发展，人们的生活水平不断提高，物质财富得到了极大的满足。在这样的前提下，人们越来越重视商品品质和商品体验感的提升，尤其是在时尚感、创新性、个性化方面的需求越来越多，反之，对于价格、性价比等的关注程度则越来越低。

---

[1] 《女性"悦己经济"促消费提振》，齐鲁晚报壹点官方账号，2023年3月10日。

悦己消费：新消费业态，悦己经济崛起

其次，"悦己消费"在促进市场发展的同时也催生出了很多全新的行业。[①]为了满足消费的日益增长的多元化和多样性需求，市场在不断发展的同时也在不断地调整和变革。例如，新媒体的直播带货、各种定制化的产品、盲盒和自我成长课程、成功学等都是在"悦己消费"的大环境下催生出来的一系列全新的业态模式，也是市场经济转型和升级最好的见证。

除了催生出很多新的行业，"悦己经济"的不断繁荣也为很多传统行业带来了新的增长机遇，如护肤美容、鲜花、轻奢、宠物、电子产品等。可以说，"悦己经济"几乎是全方位抓住了不同人群的不同需求点，同时也在通过对新需求的不断深入挖掘，刺激人们"悦己消费"需求的爆发。总之，几乎所有行业和品类都是在围绕新消费人群的悦己需求而进行产品生产和创新。

在产品实用性和功能性的创新已经达到一定水平且无法再继续提升的当下，新的产品升级重点已经从产品本身更多地倾向于消费者对于一件产品功能卖点以外的附加属性和特性的需求。比如，额外添加的所谓有益成分、产品的整体设计更加年轻化、有针对性地突出年轻消费人群的需求痛点等。

例如，某品牌的连锁咖啡企业，已经很成功地将标签化和用户体验作为了最大的卖点。相信大家已经发现，手拿某品牌的咖啡不知道从什么时候开始已经成为白领和精英人士的代表姿式之一了。先放下咖啡本身的品

[①] 《"悦己"消费当红，鲜花经济催生千亿级消费新业态》，金融投资报，2022年4月2日。

质不谈，只看该咖啡企业每家店吧台排起的长队和座无虚席的卡座就知道该品牌的转型和升级是很成功的。但是该品牌的成功并不是靠物美价廉的咖啡而达到的，而是靠该品牌的品牌形象和品牌文化，也就是该品牌的文化属性标签来吸引消费者的。让手拿一杯该品牌的咖啡变成了一种非常时尚和有品位的事。再加上喝该品牌咖啡的都是白领和精英人士这一标签，使得消费者在购买和享受该咖啡的同时便从某个层面上完成了对自我的认同。再加上该品牌对其店面的装修，宽大的沙发和良好的采光，形成了自己独特的格调，大大增强了用户的体验度。综上所述，该品牌正是利用了消费市场中日渐增加的"悦己"消费这一特点，通过给产品附加特殊的属性让消费者产品全新的价值体验，通过满足"悦己者"的渴望自我认同的心理需求，一举从行业内脱颖而出，甚至推动了整个咖啡行业的发展。

此外，"鲜花经济"更具有代表性。

周一上午一上班，彭女士刚在办公室坐下，一名送货的快递小哥就给她送来一束鲜花。花束不大，蓝色满天星搭配白色、紫色的主花，为办公室带来一股小清新。

这是彭女士为自己订购的"每周一花"。尽管是自己下单、付钱，但她认为用很少的钱就能买到"赏心悦目"，就能买到一份好心情，这样的消费体验是非常值得的。一个礼拜都可以在办公桌上看到这么好看的鲜花，不光是心情，整个人都感觉好了很多。

像这样的购买鲜花的"悦己者"还有很多,这就是随着"悦己"消费的兴起应运而生的鲜花经济。随着不断地有B2C鲜花品牌拿到上亿元的融资,"鲜花经济"一度重新成为市场经济的热点话题。在"悦己"消费趋势下,为自己买花已经不再是小众的事情,越来越多的人都在为自己的好心情买单了。

"悦己消费"的含义也正是如此,即不为纪念或仪式,只为自己开心而买。所以说"悦己"消费正在悄无声息地改变着经济体系的结构和发展方向,正在促使商品从注重产品性价比向个性化、体验化、新奇化的多元化需求转变。

第五节 "悦己"比"悦人"更重要

在第四节我们提到过"悦人者众,悦己者王",也就是大部分人首先想到的都会是先怎么取悦别人,原因也讲过了,因为人是群体性动物,从出生时起就是社会的一员,盲目地模仿他人和从众心理教会了人们该如何去"悦人",却往往忽略了自己的存在,有时甚至违背自己的意愿或者以吃亏为代价去换取别人的好感,以牺牲自己为条件去换取所谓的好人缘。这样做,就算能够博得别人的好感自己也会很累。然而,事实上,有时候即便是自己拼命对别人好,也不一定能被他人所接受,得不到别人同等的回应,久而久之便会让自己变得自卑、没自信。而且没底线地去迎合他人，丧失自己的个性，换来的大部分都是别人的不领情。这就是讨好型人格一般情况下所面临的结局。

讨好型人格是一个心理学概念。喜欢讨好别人的人很在乎别人的感受和评价，会不自觉地放弃自我去迎合别人，怕别人不高兴，怕被别人否定，不惜变得唯唯诺诺，不断地放低自己的姿态，不断地否认自己，不断地委屈自己去成全别人。

一般来说，讨好型人格与"悦己"心态最大的区别就是思维逻辑上的不同，"讨好型人格"的思维逻辑中一般都会伴有以下四种情况。

一、对别人的评价和感受过于敏感

讨好型人格的人会特别在意别人怎么看待自己和评价自己，非常害怕自己的举动或者言语会让别人不喜欢。越重视对方，就越担心对方会不喜欢自己，导致做什么事情都小心翼翼，对方一个眼神，一句不经心的话，都会让他们觉得自己是不是什么地方做错了。过于讨好他人，让讨好型人格的人总是处在自我怀疑、自我否定和自我批判中。

二、没有主见，一切建立在别人的看法上

讨好型人格的人总会抬高别人，贬低自己。别人说什么就是什么，从来不会发表自己的观点，所作所为都依托于别人，自己不敢作选择，生怕做错事遭别人嫌弃。

三、不敢有求于人的同时更怕拒绝别人

从来不敢对他人表达自己的需求，很怕有求于人会给别人带来困扰，

很担心自己会被人家瞧不起，怕成为别人的负担。同时，在面对别人的请求时从来不敢拒绝，很害怕说不，很担心拒绝后会影响自己在他人心中的位置，有时明知道是自己吃亏的事情也是如此。

四、做事缺乏边界和原则意识

没有原则地牺牲自己去取悦别人，甚至对别人的恶意中伤都默默忍受，没有自己的原则和底线，以为这样就可以同别人建立起亲密无间的关系，却没有意识到别人其实对于亲密关系是有界限的。所以，讨好型人格的人往往都会因为在没有原则地付出后未得到应有的亲密关系而黯然神伤。①

而"悦己者"则不同，他们为自己投资、为自己创作、为自己买单，他们一切发于自我、发于内心，有着丰富的精神世界，能够在不受外界影响的情况下寻得自我的宁静和平和。他们能够自我赋能、自我提升、自我愉悦，拥有独立的自我人格和魅力，所以他们就是自己的光，而这样一个光芒四射的自己远比一个唯唯诺诺的灵魂要有趣得多，因此他们更容易获得别人的青睐，"悦人先悦己"所述也正是如此。试想一下，如果一个人连自己都不喜欢，那他/她又怎么能让别人喜欢呢？一个人如果连爱自己都做不到，又如何让别人爱自己呢？如果一个人连让自己开心都做不到，又如何能做到让别人开心呢？

所以，无论是在生活还是在工作中，都要做个"悦己者"。有位知名

---

① 《一个讨好型人格的人，都有4种错误的心理逻辑》，网易公开课，2019年7月。

女演员在婚姻上遇到过挫折,演艺道路也不尽如人意。后来,通过改变自我,她的生活越来越好,在接受采访时,她对记者说:"过去,我总是不遗余力地去做别人想要我做的那个人,使自己符合别人的标准。我总把'我够好吧'当成口头禅,但还是常常感到被轻视。现在我会说'这就是我',我不仅变得非常自信,还得到了前所未有的尊重!"不仅如此,改变后的她在演艺事业上也获得了很高的成就。所以,无论是生活还是婚姻、爱情,无论是待人接物还是追求艺术,只有"悦己"才能做好,才能成就自己。

所以,"悦己"比"悦人"更重要,只有先"悦己"才能"悦人",只有爱自己才能够爱别人。会爱自己的人才能活得好、活得精彩。

第二章

"悦己消费"类型刷新和丰富了"新消费哲学"

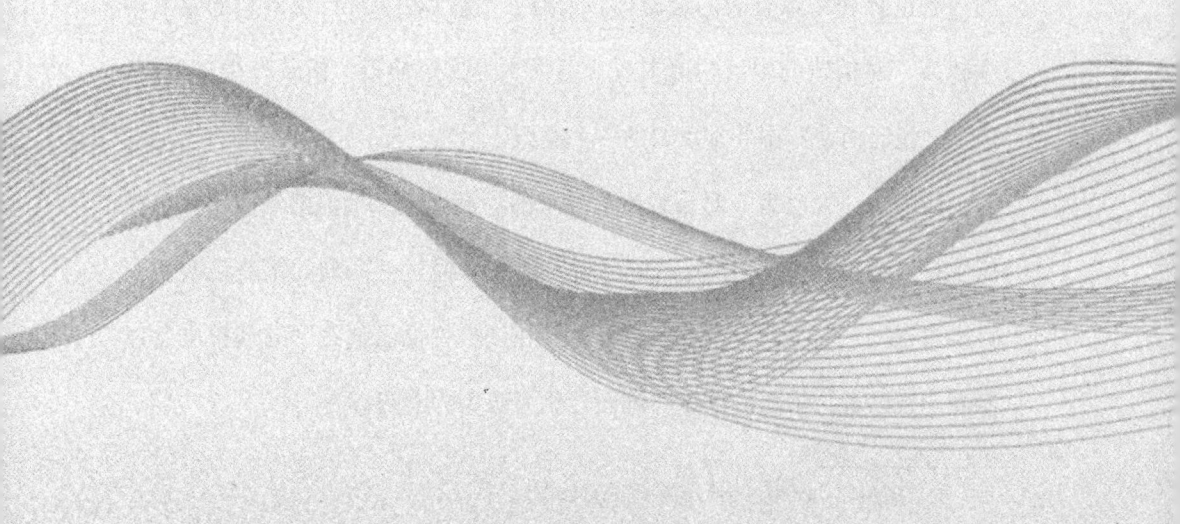

悦己消费：新消费业态，悦己经济崛起

第一节　精致型"悦己消费"：爱美也爱性价比

"悦己"比"悦人"要重要很多，而"悦己"又体现在工作和生活中的方方面面，其中最能体现"悦己"生活态度的就是"悦己消费"，而反过来"悦己消费"又最能体现出"悦己者"的生活态度。"悦己消费"是指消费者为了满足自身的消费需求、提高自身的幸福感而发生的消费。①

"悦己"消费按场景大致可分为"精致型消费"和"社交型消费"，按照类型又可粗分为"即时型消费"和"发展型消费"。②

"悦己"之美是内外兼修的美，是"美人在骨又在皮"的美。是丰富的内心世界和精致外表的结合体。所以，"悦己者"对自身形象的要求越来越高，对精致的生活的追求也日益强烈，这也使得"精致型悦己消费"成了"悦己消费"中非常重要的一个类型。

伴随着"悦己者"对精致生活要求的不断增强，他们的消费习惯也在产生持续性的改变。比如，"悦己者"往往会通过一系列的策略性改变去计划自己对"精致"生活的追求，而相应地，"悦己消费"的动机也会伴随着"悦己者"策略的逐步实施而转化为切实的消费行为。

---

① 盘和林：《"悦己型"消费崛起是好事》。
② 《女神节："悦己"成女性消费热点》，岭南控股网易号，2023年3月1日。

一、精致型"悦己消费"的第一步——精致的形象

精致的个人形象是"悦己者"取悦自己的首要需求。通过精致的服装、佩饰、用品去打造自己"精致"的造型，达到取悦自己的目的。

精致的"悦己者"会通过购买品牌的服鞋、配饰、电子产品等打造自己的精致生活，提升自己对生活品质的追求。此外，他们还通常会对医美、护肤、化妆、服饰搭配、香水、精致饮食、咖啡等具有精致符号的事物表现得十分热衷。值得一提的是，"悦己者"对大部分新生的精致事物都很感兴趣，尤其是那些凸显个性的、新奇的事物。

二、精致型"悦己消费"的第二步——精致的环境

"精致的环境"是做到精致生活的必不可少的一部分。"悦己者"在打造了自己的精致的形象之后，为了将精致生活进行到底，就会将目光转向自己所处的环境，包括自己的居所和常去的休闲场所，"悦己者"都有着自己独特的审美标准。比如，装修是北欧风格的还是日式简约风格的，家具是复古的中式家具还是现代的组合家具，装饰是造型精美的甜品还是搭配考究的鲜花等，甚至是外出放松的地方等每一个"悦己者"心中都有自己独特的选择标准。根据最新的消费报告，90后群体在购买杯碟、花瓶和桌布等方面的花费每年都在以惊人的数字增长。此外，很多以"精致""小资"为噱头的网红景点更是格外受到年轻消费者的追捧。

三、精致型"悦己消费"的第三步——精致的品位

在"悦己者"眼中，精致的品位的消费是他们对自己社会地位、态

度、能力的认可,因此,精致的品位通常以高价商品消费为特征,如奢侈品等。此外还有表现为以文化内涵为特征的精致的品位,如艺术品、文学著作、健身休闲等。最后,还有一种以彰显个人和社会地位为特征的精致的品位,如限量商品、高级定制商品、专供商品等。

虽然精致生活好像很贵,但其和勤俭务实并不冲突,因为让精致生活变得有性价比是很多Z世代年轻人的消费理念。

比如,一个媒体报道的案例,一位"00后"男生因在相亲时使用优惠券结账,因而得到了相亲对象的青睐,两人最终因"优惠券"牵手成功。不少网友看后纷纷对此表示惊讶:本以为"00后"还在早恋呢,没想到都到了要相亲的年纪了!而引发网友更多讨论的,则是这对"00后"展现出的精致且务实的消费观[①]。

案例中的女生在接受记者采访时也表达了对该男生的欣赏,认为其真诚、靠谱,同时也表达了年轻人的消费观念:"大家都觉得年轻人花钱大手大脚没有规划,其实不然,我们会很认真地规划每一分钱,规划未来的生活。"

诚然,年轻人是"悦己"消费的主力人群,他们更喜欢精致、新潮的产品,对各种网红商品也是跃跃欲试,但是他们也非常注重性价比,会对消费作出认真的规划。作为Z世代成长起来的消费者,他们能够快速地接受各种新鲜事物,优惠券就是其中之一,对于玩法日益复杂、套路繁多的优惠券,年轻消费者总能从中分辨出孰优孰劣并利用其获得更好的精致

[①]《精致且务实的消费观,重新定义00后》,《新京报》2022年6月12日。

体验。

其实不管是在日常消费时还是在购买生活用品或者休闲娱乐时,"悦己者"追求"精致"消费的同时还会选择那些性价比高的商品。[①]可见,"悦己者"的消费行为是多样化的,但无论是直接还是间接的消费行为,都体现出了"精致和精明"的特点。比如,"悦己者"们更在意商品的质量、质感和美观度,电商、网店和实体店成了他们的消费场景,各种砍价、团购、拼单、秒杀等消费方式成了他们的最爱。

所以,要精致也要性价比,是精致型"悦己"消费的典型代表之一。

第二节 社交型"悦己消费":爱生活也爱运动

伴随着后疫情时代的到来,爱玩的"悦己者"们开始忙着外出社交娱乐。因为,带有明显社交属性的社交型消费逐渐带来了更多的消费趋势。目前非常火爆的如滑雪、露营、骑行、飞盘等社交娱乐项目盛行,带动了相关的雪具、露营装备、单车销售市场的火爆。

经第三方数据显示[②],随着"悦己消费"趋势的愈演愈烈,新的消费需求又促使了兴趣消费潮流的涌起,越来越多的人正在为他们的兴趣买单。据调研数据显示,七成以上的消费者的消费需求为社交诉求,此外包含社

[①]《女性消费觉醒:精致的悦己,不止于服饰》,人民资讯,2021年6月9日。
[②]《2022年中国兴趣消费趋势洞察白皮书》,2022年9月。

悦己消费：新消费业态，悦己经济崛起

交属性和悦己属性等的兴趣类月均消费支出占比超过了27%。社交型"悦己消费"需求的日益增加，刺激了更多品类的消费市场，也让很多品牌、厂家看到了产品应用的新场景。为了迎合全新的市场和全新的消费需求，品牌纷纷通过改变产品结构和经营策略向热门运动、热门社交产业方向布局，而品牌在市场中的角色也从单纯的产品、服务的生产者、提供者转变为新生活方式的领跑者。

近几年来，以滑雪、露营、飞盘等为代表的社交类的娱乐活动极其盛行。相关数据显示[①]，每周参与两次飞盘运动的消费者占比高达42.75%，每周参与一次飞盘活动的消费者也占比27.01%。除飞盘运动外，露营也是近一两年爆火的社交类消费项目，仅2022年中秋假期，露营相关的订单量比上月增长了285%之多。由此可见，消费市场对社交类消费的需求量正在与日俱增。与此同时，在社交属性消费和兴趣爱好消费的热潮之下，消费市场的日渐增长，消费模式的日渐丰富，也带动了社交类消费周边市场的发展，促使很多品牌在社交类、兴趣类消费及其周边产业布局。在这些产业中，比较有代表性的是户外运动服饰、户外装备、户外餐饮及食材。在这个舞台上，国内外企业百花争研，尤其是在飞盘项目中，新兴潮牌比比皆是。在滑雪市场，更是让很多原本单纯生产日常服饰的企业也纷纷加入赛道、引进技术，顺利跻身于滑雪服饰、装备和冰雪运动装备的领军行列。

在社交型"悦己消费"的影响之下，近几年，户外运动和户外装备产

---

① 《2022年艾媒消费数据》，2023年1月。

业都得到快速发展。例如，从2022年开始，"骑行"这一户外运动悄然兴起，并迅速发展。据国内第一大自营电商官方数据[①]显示，从2022年6月份开始，公路车成交额同比增长120%，城市自行车成交额同比增长90%，山地车销售额同比增长70%，折叠车销售额同比增长60%，而价格动辄过万的英国自行车品牌Brompton更是一车难求，更有甚者，高达十几万元的美国品牌Trek自行车在"骑行圈"都比比皆是。因此可见，消费模式的升级会给市场的增长和变革带来巨大的推动力[②]。

不仅如此，随着社交型消费参与的人群越来越多，频次越来越高，人们把更多的时间都放在了户外活动上，由此带动了户外餐饮的火爆，形成餐饮新战场连锁餐饮、新零售以及素食品牌等都纷纷加入进来，并相继推出了各种露营套餐。

在这个"战场"中，甚至出现了只专注于户外预制菜和户外炉具、一次性餐具的O2O品牌，并迅速占领了市场。这些品牌，原来一般是以服务居民在家吃饭的社区新零售品牌，后在户外餐饮需求的驱动之下，凭借成熟的食材供应链体系以及在火锅烧烤领域的从业经验，将底料、蘸料、食材、器具、耗材等实现了一站式供应，成就了一个个户外餐饮品牌。这些户外餐饮品牌产品中的腌制调味食材、半成品快手菜非常适用于户外就餐，实现了开袋即烤、开袋即涮、开袋即食。此外，各种便携烤炉、支架烤炉、竹签、木炭等也实现了户外餐饮场景的一站式采购。精准的定位，

[①] 《京东新百货数据》，2022年。
[②] 田言志：《消费升级释放巨大潜力 中国经济增长主引擎动力十足》，《光明日报》2019年5月26日。

一站式供应，让户外餐饮品牌在户外这个细分市场中脱颖而出。

无论是露营、飞盘还是滑雪等以社交为属性的消费模式，其核心要义在于品牌与消费者之间一直保持着很强的互动关系，从而促使消费者养成了一定的消费习惯。同时，各大品牌也都无一例外地都在通过社群运营、微博、微信公众号等数字化平台与消费者互动，为消费者提供最新的娱乐信息、最流行的时尚单品和最专业的教学内容，打造消费明星，一方面能够增加消费者黏性，另一方面也能反向种草更多消费者，满足他们多元化的社交需求。

众多品牌，无论是产品品类的延伸，还是运营宣传模式的转变，根本上就在于消费者对社交型消费需求的日益强烈。在这种消费市场下，仅能提供产品和服务的企业必将被淘汰，只有能够提供生活方式、生活体验的品牌才能脱颖而出。

第三节　即时型"悦己消费"：精致加陪伴

正如每个人的兴趣爱好不一样，有些是社交达人，有些是运动达人，而有些人则相对比较内向，他们不愿意走到户外，但是这并不能证明他们就无法取悦自己，宅在家中，他们一样可以乐得其所。

快乐对于每个人的定义也许都不一样，运动达人们认为从滑雪场的高级道上飞驰而下是快乐，社交达人们认为约上三五知己来一场飞盘比赛是快乐，露营达人则觉得只有搭帐篷、野炊、拥抱大自然才是快乐；而对有些人而言，慵懒地窝在舒服的沙发里，喝一杯特调的咖啡，吃一块精致的甜点，撸一撸心爱的猫咪，是他们最快乐的事。不走出去并不代表不热爱生活，这些人追求的是有陪伴的精致的宅生活。

宅出精致是目前很多"悦己者"选择的生活方式，也是即时型"悦己消费"的一大特征。① 宅在家中的"悦己者"出于取悦自我的目的，会不遗余力地营造温馨且精致的生活空间，他们对于家电、家居、装饰和其他生活用品的追求已经不单单是满足日常需要，而是更热衷于智能化、高颜值的产品，力争足不出户、动动手指就能实现吃喝玩乐的高效、精致供给。

近年来，智能家居、智能电器也伴随着"悦己"潮的兴起而成为市场新的宠儿。为了迎合新消费市场的需求，有很多品牌都推出了全智能产品，"科技解放双手"是这些品牌的追求。例如，某品牌新推出的智能烹饪设备同时具备了30多种不同的烹饪方式，出场随机附赠上千种不同的食谱，完美适应了当下消费者的饮食习惯。而相应地，这一烹饪设备推出的结果也是显而易见的，该设备开售10分钟便被消费者抢购一空。此外，通过简单烹调或者加热即可食用的预制菜也越来越受到消费者的青睐。数据② 显示，2023年3月以来，预制菜肴同比增长高达82%；智能家居需求

---

① 《精致宅催生消费新趋势 这届年轻人吃喝不只是为了味道》，人民资讯，2021年5月13日。

② 《京东小时购数据显示（基于小时购业务在京东、京东到家的整体数据）》，2022年。

悦己消费：新消费业态，悦己经济崛起

更是旺盛，其中智能马桶盖增长了103%，扫地机器人增长了167%。智能家居让"悦己者"享受了便利的同时，其高科技感的设计和精致的外观也满足了"悦己者"精致的"宅生活"的个性化需求。

不仅追求精致的家具电器，"精致宅生活"的追求者们对常规的生活用品也有着越来越苛刻的精致追求。例如，咖啡桌、折叠桌、鞋柜、储物柜等常规家具，在"悦己者"对精致生活追求的驱动下也根据功能的不同变得更加细分，家具制造的侧重点也从价格和材质更多地转移到了功能性和设计感上。风格鲜明、做工精致且具有高协调性和高颜值的家具越来越受到"悦己者"尤其是"精致宅"们的青睐。

不光是衣食住行，随着"精致宅"文化的愈演愈烈，"悦己者"对于追求精致生活的方式也变得五花八门，除了对智能家居表现出越来越大的热情，对居所的氛围和气氛的追求也变得越来越狂热。据国内知名互联网销售平台数据，进入2023年3月以来，有着"氛围担当王"之称的香薰和香薰蜡烛的同比销售额增长110%，花瓶/花架类销售额同比增长136%；代表精致生活，取悦自己、犒劳自己的烘焙礼盒的销售额同比增长更是超10倍；香水彩妆类产品也增长了126%，其中排名前三的品类分别为口红、香水、粉底液。① 由此可见，"精致者"对于精致生活的追求越来越细化，甚至到了细微的地步。

随着"即时性悦己消费"的愈演愈烈，消费者对于精致的追求也变得越来越苛刻，于是，"盲盒"经济应运而生，成为很多"悦己者"的心头

---

① 《焦点滚动：2023年香薰蜡烛行业概况及现状》，中国报告大厅，2023年1月31日。

好。抛开盲盒经济的商业运作模式不谈，精致的小玩具无论是作为把玩的物件，还是精美的装饰品都迅速抢占了人们的消费视野，为了凑齐一整套盲盒玩具而一掷千金的大有人在。抽盲盒、买手办、收集洛丽塔服装、文玩，消费者购买商品不再只是为满足日常的需求，而更多的是将目光转向了商品的个性化特点、情感价值和文化内涵。

"精致宅"们追求精致、便利、享受的生活，但并不证明他们就不需要陪伴，陪伴是人类和动物最基础的情感需求，"精致宅"们也不例外，于是就催生了宠物市场的繁荣。"毛孩子"成了越来越多家庭的"新家人"，"毛孩子"经济也得到了前所未有的发展，精致养宠的趋势方兴未艾。除了铲屎官们最熟悉的养宠三件套——定时喂食器、自动饮水器和猫狗厕所的销量在持续增长，宠物上门美容等新兴行业也逐渐繁荣。不仅如此，宠物服装、宠物饰品、宠物健康以及宠物食品等细分品类也都呈快速增长趋势。"精致宅"们精致自己的同时，也将毛孩子的生活细节不遗余力地精致化，誓将精致生活进行到底。有精致更有陪伴，这就是"悦己者"们的完美精致生活。

第四节　发展型"悦己消费"：投资未来健康

　　一场飞盘比赛就可以开心一个下午，一次户外野餐就可以充实一个周末；开一个盲盒、喝一杯咖啡也能换来业余时间的充实；一场说看就看的电影，一次说走就走的旅行……这些消费场景如今已随处可见。这类消费有个特点，就是每笔开支用传统的眼光看来并不实用，但现如今消费者为了犒劳自己，取悦自己，对此并不吝啬。因为用现在消费观念来看消费的最大落脚点并不是实用，现在的人们已逐渐将"悦己"作为消费的落脚点，大家愿意在最大消费能力范围内取悦自我。更进一步地，消费的落脚点一定是在"即时悦己"吗？也并不是。相比购买快速消费品、拓宽视野等实现短期享乐的消费外，购买耐用消费品、学习新技能、为健康投资、为美丽投资、充实精神世界的"发展型悦己消费"也同样流行，并受到了不同年龄段消费者的青睐，如下面几个案例。

　　周五下午 4 点 55 分，梦梦（化名）的手机铃声就响了起来，她立刻拿起手机熟练地操作了起来，如此行云流水的动作并不是在上班摸鱼，而只是为了能在下午 5 点整通过某舞蹈工作室的公众号准时抢到第二天她喜欢的舞蹈老师的课程。"热门的课超级难抢，我每次都会守在手机前，到点拼手速。"梦梦说。梦梦会在有活动的时候买卡，一张卡 5000~6000 元，有 60 次左右的课程，两年下来的花费记得不太清了。但对于有点"社恐"的她来说，跳舞带来的解压和快乐的感觉非常取悦自己！

无独有偶，"95 后"的温州小伙陈波最近迷上了冲浪。他每次都要开车一个多小时去到离家 50 千米的马站镇后槽村的海螺度假村，只因这里是浙南唯一可以冲浪的地方。来度假村后，经过简单的休整他便换上了衣服拿起冲浪板冲向海边，开启了在海面上"浪"一下午的快乐时光。有的时候，他还会约上三五好友住在度假村的民宿里玩上几天再走。8 月份最热的时候，他不仅变黑了几个度，还曾好几次被晒脱皮，但这并没有影响到他对冲浪的热情。"加入的海龟冲浪俱乐部就是我朋友开的，8 月初叫我过来玩了一次就喜欢上了。"陈波粗略地估算，这段时间玩冲浪他的花费已经超万元了，不过在他眼里这算不了什么，下一步他还准备跟朋友一起投资这个俱乐部。① 由此可见，年轻人非常热衷于"悦己消费"，尤其是学习技能、投资健康、充实自己的"发展型悦己消费"，哪怕为此花钱花时间，他们也毫不吝啬。总之，只要是能够取悦自己的事情，他们都抱着极大的热情。但是现在"悦己消费"已经不再是年轻人的专属了，随着经济的发展和人们生活水平的提高，"悦己消费"理念已经逐渐涵盖了各个年龄层的消费者，如以中老年人为代表的"悦己者"也已成为"悦己消费"的主力之一。

原来，在为"兴趣买单"这件事上，中老年人也丝毫不落伍，消费过万元为自己购买一辆名牌公路自行车，花费上千元给自己搭配一整套骑行

---

① 《"新青年"在为兴趣买单"发展型悦己消费"流行 月支出占比近三成》，《每日商报》，2022 年 9 月 20 日。

悦己消费：新消费业态，悦己经济崛起

装备等在他们看来已很正常。不仅装备专业，每日清晨坚持骑车锻炼的中老年人也不在少数。曾经人们印象中中老年群体高储蓄、低消费的特征在悄然发生着改变，早已表现出高品质消费意愿、心态年轻化的特点，有钱有闲的中老年人正成为"悦己消费"不可忽视的新生群体。

伴随着消费能力和消费观念的改变，新一代中老年消费者已经不同于传统中老年消费群体了。现在的中老年消费趋势，解决基本生活问题的刚需型消费转变为提升生活品质的"精致型、发展型悦老消费"，"银发经济"应运而生。在某互联网交易平台上[①]，适老家具品类已经独立成为住宅家具下单独的子类目，2022年2月至2023年1月，该类目在该平台销售额已达到2226.1万元。除此之外，与其类似的还有适老卫浴这一类目，2022年9月起独立成家装主材下与卫浴家具、卫浴五金等并列的子类目，2022年9月至2023年1月该类目在该互联网交易平台销售额已达到1.61亿元。[②]

无论是青年人还是中老年人，他们对"发展型悦己消费"都抱有同样的热情，他们不仅追求"即时型消费"的愉悦，更在投资自己、投资未来、投资健康的"发展型消费"上挥金如土。"发展型悦己消费"能使人们的幸福感不断提升，提高人的自我发展能力。例如，保健类消费将会改善和提升人的生命质量；体育消费能够使人们身强体健、精神愉悦；文化休闲娱乐消费可以使人们在闲暇时间里获得自由的、自愿的、愉悦的身心放松。如今，"悦己消费"已经成为人们构建美好生活的主要手段。

[①] 淘宝天猫平台。
[②] 《银发经济乘风而起，三大赛道看新老年消费》，魔镜市场报告，2023年3月10日。

第三章
"悦己消费"推动"悦己经济"崛起

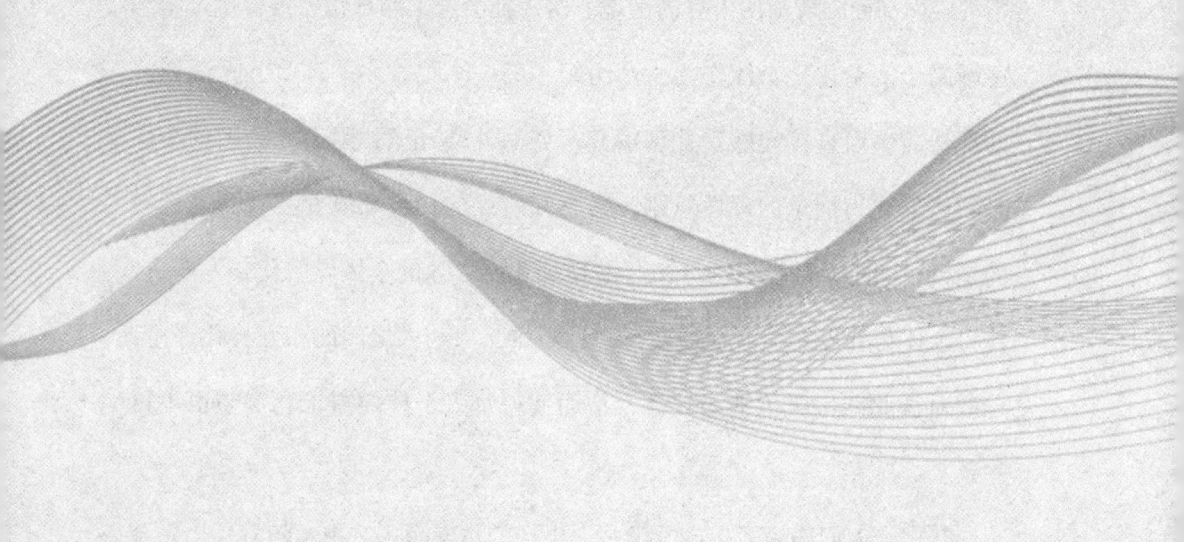

悦己消费：新消费业态，悦己经济崛起

第一节　"悦己经济"背后的原动力

"悦己消费"的迅速崛起，不仅改变了人们的消费习惯和消费理念，更是经济市场消费升级的一个重要特征和主要推动力。"悦己经济"的到来，为诸多行业提供了商机。那么推动"悦己经济"发展的原动力又是什么呢？

推动"悦己经济"发展的原动力主要有两个：

首先，伴随着社会的发展和科技的进步，生产力水平也在大幅提高，随之而来的就是物质的极大丰富和社会分工的日益完备。但此时，人类的精神层面却面临着前所未有的困境。由于社会分工的日益完备，生产组织逐渐趋于复杂化，个体作为生产组织中的一个很微小的环节，无法像之前那样简单而直接地感受并理解其所处的社会环境，因而社会中的个体必须凭借更为抽象的理性思维，去感知所处的社会环境并了解到其运转的逻辑。同时，社会活动分工日益精细化所导致的个体异质化越发严重，使得个体与外界的交流沟通变得越发艰难，人与人之间的相互异化严重，导致对彼此产生厌倦甚至敌意，从而使得每人个体的需求和渴望也不再一致。

其次，人们陷入了生产、消费、生产的枯燥循环之中。随着社会中金钱与物质的极大丰富，通过消费行为给新中产阶级带来的边际效应逐渐递减，采用添置物品的方式来提高社会地位的效果越来越弱。高速发展的社会经济致使包含第二产业和第三产业在内的行业生产力迅速发展，并且一发不可收拾的局面直接导致了供大于求的局面。而当现代商业活动因为扩张而出现产能过剩的时候，人们最先想到的也是最直接有效的方式就是为消费增加新的需求。综上，当物质欲望已经消耗殆尽并无法再刺激消费者进行消费时，市场参与者便会通过改变营销手段为消费者增加或创造新的需求，通过对商品赋予全新的定义来刺激消费者的精神需求以达到促成消费的目的。由此，消费者的消费行为从物质需求上升到精神需求，商家也完成了从销售商品到销售"快乐"的转型，人们自身也就成了消费品。与此同时，更多的商品被商家赋予了"悦己消费"的定义，咖啡也好，甜点也好，盲盒也好，卡牌也好，付费知识和休闲娱乐等也如此，商品本身既不是新生事物，品质也没有实质性的改变，只是消费者通过自身精神世界完成了消费品主体化的转变，也就是消费者不再通过获取这些商品来获得满足，而是通过将商品诉诸自身，试图以商品为媒介来完成不同的生命体验，从而为自己的存在赋予更多的意义，以加强自己在社会活动中的存在感。

如果以消耗产能、刺激需求为代表的一系列商业行为为外部动力的话，那么内部动力则是源于消费者本身。首先，决定消费者消费思维的同样是生产力水平的提高。在封建社会，小农经济占据主导地位，生产力水平低下，温饱是社会参与者关心的首要问题。此外，在儒家思想的影响下，人们以勤俭、节约为优良传统，因此务实也就成了当时传统消费文化的主流思想，人们的消费意愿相对低迷。中华人民共和国成立后，物质在短时期内极大富足，国民收入显著提高，特别是近几年来，一系列的经济政策刺激了国民的消费意愿，使得人们的消费观念也从满足温饱的生存需要转变为感受愉悦的精神需要，"悦己经济"应运而生。互联网时代的到来，信息快速传播，Z时代群体应运而生，"为兴趣买单"的理念也就顺理成章地成了主流消费理念，推动了"悦己经济"的进一步发展。

其次，在快节奏的经济社会中，人们对精神世界追求的不断升级也同样在推动着"悦己经济"的发展。在马斯洛理论中，人的需求由低到高分为五个层次，分别是生理需要、安全需要、归属和爱的需要、尊重的需要和自我实现的需要。人们所处需求层级的不同会直接反映出不同的消费理念，而且"悦己消费"也是人们从低层级需求到高层级需求转变的一个非常重要的途径。

最后，消费者的自我评价也是激发"悦己消费"的主要因素之一。自我评价是每个人都会拥有的一种内部驱动力。当个人所处环境、社会没有任何比较的时候，其自我评价通常是大于或等于平均值的，换言之就是人们会对自己的外在形象、智商、健康水平等有着积极的评价。而当人们一旦处于竞争激励的社会环境中，对于环境中更优秀的人所带来的压力会让个体的自我评价出现消极的反馈，这种精神刺激会引发个体的一系列心理和行为的改变。比如，个体不会游泳而出现在海边时，他/她的自我评价就会偏低。因而，受补偿动机的影响，个体为了弥补自我评价中出现的缺失，就会促使"悦己消费"行为的产生，这样导致的结果就是个体会为自己学习游泳而进行投资，而学习游泳这一行为也非常符合第二章提到的"发展型悦己消费"行为。

第二节 "悦己消费"下涌动的商机

无论是市场表现，还是相关互联网电商平台的大数据均显示，"悦己消费"已经成为市场主流消费理念，消费者在取悦自我的消费上表现得热情十足，更是为了满足兴趣爱好一掷千金，"悦己经济"市场可谓商机无限。

在"悦己经济"所带来的商机中，首当其冲的应属"单人经济"所带来的消费需求。"悦己者"中精致宅的比例不在少数，不爱社交的他们比起户外达人们更愿意享受一个人独处的时光。"社恐"的"悦己者"虽然不爱出门，但并不代表他们对生活的热情会打折扣，更不代表他们的生活可以"凑合"，他们在用自己喜欢的方式——宅出精彩、宅出品位来诠释"悦己者"的身份。这也就意味着"悦己者"在生活中不断寻找悦己的快乐，所以他们更注重细节，主要表现在：首先，他们生活中的点点滴滴、方方面面都丝毫不马虎。"精致宅"的消费场景让他们无论是对食材和相关的生活用品的需求量都极小，但是对商品品类的需求却又五花八门。如此一来，"一人份"商品便应运而生。例如，迷你电饭煲、迷你火锅、迷

| 悦己消费：新消费业态，悦己经济崛起

你洗衣机、100g 装的大米、50ml 的小瓶酒等逐渐成为他们的新宠。其次，"精致宅"的"悦己者"在消费决策上更加情绪化、感性化，对商品价格的敏感度相对较低，他们选择商品时除了对产品品质和安全有要求外，会更注重舒适、便利的购物特性，追求产品的个性化、小众化和精致化。此类消费人群消费力相对较强，超前消费的更是大有人在。

所以说"精致宅"群体是推动"悦己经济"的核心力量，而且在未来很长一段时间，他们的需求点都会成为"悦己经济"下最大的商机。围绕着"精致宅"，越来越多的业态和商品品类的出现都在彰显着"精致宅"作为消费新势力的至高地位。伴随着"精致宅"的人群数量不断增加，该群体直接带动的消费体量也随之不断增加，"宅经济""一人份"产品领域也逐渐成为越来越多商家、品牌的必争之地。

除了"精致宅"们，另一迅速崛起并成为消费主力军之一的就是女性消费者。相比于男性消费者而言，女性消费者在选择商品时更加感性，对商品细节的要求也更高，而新时代女性更热衷于通过消费获得自我满足感和自我关爱。因此，女性消费者正在逐渐成为新时代消费的风向标，无论是商品层面还是品牌层面都需时刻关注女性消费的动向，只有学会如何跟女性消费者"谈感情"，深度洞察女性消费者的切实需求，才能成功抢滩"她经济"。

为什么说"她经济"是"悦己经济"下不可小觑的商业机会？首先，中国目前有将近 4 亿年龄在 20 岁至 60 岁的女性消费者[①]，并且在食品、母

---

① 《2022 埃森哲消费者洞察报告》，2023 年。

婴、服装等产品上，女性消费者的决策权远远超越男性，所以要想在"悦己经济"中立足，充分把握女性消费者的消费习惯和消费需求是必需的。尤其是旅游休闲、教育、养老和日用品领域的商品，无论是设计、开发还是推广、落地等经营行为，都要着重考虑到女性消费者对于产品的看法、心态及侧重点，否则很容易失去女性悦己者这一庞大群体。

第三节 "悦己经济"拉动行业增长

"悦己经济"的蓬勃发展不仅为消费市场提供了源源不断的商机，促进了行业内新业态的形成，更是为诸多行业带来了快速增长的机遇。"悦己消费"并不是狭义的享乐主义，而是包含了对个人健康、个人成长、个人技能、个人发展的投资和消费，表现尤为突出的有护肤美容、鲜花、宠物、电子产品、盲盒和相关培训课程等行业。

不仅如此，消费者的消费习惯和消费结构也在发生着悄无声息的变化，《中国美好生活大调查》最新数据发现，2023年，18岁至35岁年轻人消费榜单的前三位是旅游（32.77%）、电脑、手机等数码产品（31.67%）和保健养生（31.04%）。[①] 不仅如此，很多业态也在"悦己消费"的浪潮下得到了空前的发展。

[①]《年轻人的钱都花哪儿了？最新数据：消费榜单前三位是旅游、数码产品和保健养生》，今日头条，2023年5月5日。

悦己消费：新消费业态，悦己经济崛起

一、宠物经济崛起，"毛孩子"过上品质生活

随着"悦己经济"的迅速发展，宠物行业也在以肉眼可见的速度增长。据相关数据统计，2022年中国城镇犬猫数量高达11655万只，较2021年同比增长3.7%，[①] 相当于平均每8户家庭中就拥有一只宠物。不仅如此，允许宠物进入的商场、接待宠物的酒店也正在兴起，对待宠物的态度也从"饲养"转变为"陪伴"，把"毛孩子"当作家人已经成为"悦己者"们共同的认知。

作为追求"精致生活"的"悦己者"们已经开始关注"毛孩子"的生活品质了，由此，宠物的品质消费已成为一种全新兴起的"悦己消费"形式。相比普通的宠物饲养者，"悦己者"们更注重与"毛孩子"的情感层面的交流，为"毛孩子"提供同样高品质的精致生活是"悦己者"养宠的新趋势。

如今"毛孩子"们食物已经不再是曾经的剩饭剩菜，取而代之的是专业化、品牌化、精细化的宠粮。不仅如此，如今的宠粮还做了精细化的分类，主粮、湿粮以及各种保健品琳琅满目，功能性成分高、营养价值高的宠粮也更受"悦己者"们的青睐，某宠粮品牌更是与故宫联名推出了复古风格的礼盒套装，让"毛孩子"也享受到了"高汤罐头"的养生生活。

不仅是食物，"毛孩子"们的居住环境也发生了翻天覆地的改变，做工精致舒适的猫窝、狗窝，定时定量投喂的全智能喂食器，循环流动的

[①] 《2023—2029年中国宠物保险行业全景调研及投资战略研究报告》，共研产业研究院，2023年。

"活水"宠物饮水器、自动清理的智能猫厕等,从喂食、喂水到铲屎清理以及洗澡、烘干等,为"毛孩子"打造精致舒适生活的同时充分解放了"悦己者"的双手。各种智能产品的不断涌现,也为"毛孩子经济"带来了前所未有的商机,大大促进了宠物经济的发展。

二、盲盒,"悦己经济"下的潮玩新消费

盲盒最早起源于20世纪70年的"扭蛋",是将塑胶玩具封装在一个圆形密封容器中,然后放在贩卖机中销售的商品。盲盒最开始只是一种玩具的销售形式,但是随着新媒体、直播沟通等新形式的宣传营销,让盲盒逐渐被越来越多的消费者接受,"潮玩"也更是凭借盲盒这种独特的销售形式迅速打开市场。

盲盒属于典型的"即时型悦己消费"。首先,盲盒独特的销售模式让消费者在购买时会产生一种类似于欲望的不确定性,而这种紧张和刺激感所带来的快感会促使消费者做出重复消费的行为。其次,收集这一行为也会让人获得满足感,加入了概率设置的营销手段提高了抽取的难度,会让消费者在抽到特别款时愉悦感升级。从抽到一个没有的款式,到抽到特别款,再到集齐一个系列的全套款式,在购买者心中是一个里程碑式的成就,这种成就荣誉感,是愉悦的根源。再次,结合互联网手段,上线嵌入娱乐、互动、社交功能的小程序,会员积分、签到、线上分享等功能倾注了品牌对消费者心理及行为的情感交流,提升了消费者的成就感。因此说盲盒是"悦己经济"下催生的新兴行业。2019年至2021年我国盲盒市场规模从25亿元增长至百亿元,仅2022年上半年我国新增"潮玩"相关企

业就高达 1661 家，同比增长 138.31%。而作为盲盒市场的第一品牌也已于 2020 年成功敲钟上市，市值突破千亿港币[①]，到 2021 年初该品牌股价更是一度飙升至 107 港币，市值接近 1500 亿港币，市场各方对于盲盒经济的热情由此可窥一斑。

三、"悦己经济"驱动健身行业提振加速

不仅是"即时型消费"能够促进行业提速增长，提高自己、关注健康的"悦己者"们对"发展型消费"的热情也丝毫不差。

根据某团购平台数据，2023 年 3 月，健身中心、健身工作室、舞蹈工作室等商户订单同比增长高达 500%，"普拉提"关注和搜索量同比增长 178%，"瑜伽"搜索量同比上涨 109%，"舞蹈课"同比增长高达 238%，[②] 由此可见"悦己消费"的增速正在拉动健身行业回暖。

"我今年 35 岁，在区内一所学校当教师，希望找到一个相对不那么激烈的健身方式锻炼身体并提升自己的气质。"尹女士先是从某团购平台花费 53 元团购了一节瑜伽体验课，运动完发现自己的精神集中了，身体也放松了，随即就又花费 6000 元购买了 100 次课程。"这家工作室的瑜伽老师都很专业，每周我至少也要安排两次课程前来学习，现在已经上了几次课，感觉身体线条好了一点，人也变得更自信了。"尹女士表示。

---

① 陈泽芳：《中国盲盒行业市场发展现状分析 中国盲盒行业市场深度调查》，中研网，2023 年 5 月 24 日。

② 《"悦己消费"正当时 健身中心等运动类"女士专享"团购增长超五倍》，新浪财经，2023 年 3 月 10 日。

通过运动追求健康变美是很多"悦己者"的诉求。近年来，舞蹈、瑜伽的消费出现了明显增长，比如，就有很多中年女士为改变自己工作中严肃刻板的形象而纷纷加入到学习街舞的行列，选择一家成人街舞俱乐部，办卡学习街舞课程，开始了自己的舞蹈生涯。"上课时间以周末为主，一起上课的学员也大都是女性职场人士，每节课工作人员还会特地为学员录制展示学习成果的小视频，我非常享受这种不一样的感觉。"这就是大多数中年女性舞者的心声。①

由此可见，"悦己者"正在通过各种方式提升自己。不过，无论是惬意精致的生活还是追求健康和美丽，对于经济而言，这都成了提振经济行业加速发展的新动力。

第四节 "悦己消费"为品类带来新契机

"悦己经济"的爆火，不仅为市场提供了更多的商机，为行业提供了不断增长的动力，商品的各大细分品类也均在不同程度上享受到了"悦己经济"带来的新契机。

伴随"悦己消费"理念的盛行和单身人群数量的增加，不仅催生了全新的消费理念和业态，更为原本市场份额不大的个护小家电品类带来了发

---

① 《健身类消费回暖 "悦己经济"驱动消费提振加速》，津滨网，2023年3月19日。

悦己消费：新消费业态，悦己经济崛起

展的新机遇。"悦己者"追求的是生活中的精致感和幸福感。拥有设计感、高颜值、智能的个护小家电就首当其冲成了"悦己者"们争相追捧的新品类。以电动牙刷为例，2020年1月至10月，电动牙刷品类线上销售额高达58.3亿元。[①]此外，个护小家电成交额同比增长超四成，纳米水离子吹风机品类和智能声波剃须刀品类也逐渐成长为市场的新宠儿。"悦己经济"不仅将小家电品类带入了消费狂潮，更成了资本市场投资的新的风向标，作为以智能小家电为核心品类的品牌获得过亿投资的不在少数。

"悦己经济"为市场带来全新的人群、全新的追求、全新的消费场景、全新的品类、全新的产品，同时也将消费赛道之火燃向无数小众群体甚至是崭新领域。香氛品类作为居家商品品类的延伸，在"悦己经济""疗愈概念"的加持下，迅速增长并从其他品类中脱颖而出。

"每到期末复习或者压力大的时候，我总是习惯性地点上一个香薰蜡烛，蜡烛燃烧的声音可以给我很宁静的感觉。我工作或者学习的时候环境一般都比较安静，这时我就会点一支蜡烛听燃烧的声音，自己发呆的时候也会点上一支，最近又快到期末了，要开始写论文了，我打算新入手一个咖啡味的香薰蜡烛，我需要'噼里啪啦'的声音。"谈起香氛，内向的大二学生小婉便会侃侃而谈。从高中便开始接触、购买香氛的她，如今已是香氛的资深爱好者，最近她又在互联网平台上看到了一款新的香氛，准备购入"尝鲜"。

"90后"的小利同样是一名香氛爱好者，她的家中摆满了各种各样的

[①] 《奥维云网线上监测数据》，2021年。

香氛，作为专业玩家的她对各个品牌的产品都非常了解。"父母那辈人对香氛的理解还是放到大衣柜里的驱虫剂和放到卫生间的除臭剂，但是我觉得香氛是一种'治愈'。"她很骄傲地说，她的房间里摆满了各种各样的无火香氛。每天睡觉前，都会打开香薰机，滴上几滴喜欢的香薰精油，"闻到香味，感觉一天的疲劳都驱散了"。

"悦己热潮"之下，香氛产业快速增长。数据显示，2021年上半年，国内含有香氛概念的商品销售额高达62.7亿元，较2020年上半年同比增长达21.07%。[①]中国香水市场在2015年至2020年期间复合增长率也高达14.9%，且还在持续增长中。不仅如此，在香氛这一品类被催生出来以前，国内高端香水品牌一直被海外品牌垄断，之后随着香氛品类的火热和资本的入局，许多国产品牌的香氛也一举跻身头部品牌。

新的消费理念，催生了全新的消费趋势，也为很多品类的细分提供了可能。以香氛品类为例，伴随着香氛市场的蓬勃发展，更多的品牌加入，让本来就不大的香氛市场不得不更加细分，除了常见的香水、香氛喷雾、香氛蜡烛、无火香氛外，香氛精油、香薰液、扩香石、香砖、香膏等新产品、新品类层出不穷，并且新品类一经上市，就会被"悦己者"们争相尝试、尝鲜。

作为非刚需的一个商品品类，"香味"被赋予了更多的情感属性，香氛产品也不再是仅用于除臭、防虫的基础功能，而是被赋予了"治愈自我""情绪舒缓""浪漫温馨"等全新的价值。而此价值的升级根据马斯洛

[①] 《美业研究院数据报告》，2022年。

的需求层级理论分析，香氛需求已经升级到了消费者追求自我价值实现的最高层级。这也是香氛品类为什么可以在"悦己经济"下一举脱颖而出、迅速崛起的原因。

第五节　企业应满足消费者的自我实现

马斯洛需求层次理论由美国著名心理学家马斯洛提出，该理论是心理学中的激励理论，它将人类的需求用五级模型表示：生理需求、安全需求、社交需求、尊重需求和自我实现需求。前四个级别的需求，也就是生理需求、安全需求、社交需求和尊重需求被称为缺失性需求，而最高级别的需求，也就是自我实现需求被称为增长性需求。[①] 人类需要动力去实现需求，有些需求要优于其他需求。随着需求层级越来越高，实现需求所能得到的快乐也越来越多，比如当实现自我实现这一最高级别的需求后，人便会获得巨大的愉悦感。换言之，实现自我是最高级别的取悦自己的方式。在"悦己经济"的当下，消费者更愿意为兴趣和爱好买单，因为取悦自己是"悦己者"永恒的主题，而取悦自己最高级的方式就是实现自我。所以，企业如果想抓住"悦己经济"的浪潮，就要尽可能地满足消费者的自我实现需求。

---

① Maslow, A. H.."A theory of Human Motivation". *Psychological Review*，1943，50(4).

第三章 "悦己消费"推动"悦己经济"崛起

而且,自我实现需求同其他四个需求相比,没有峰值和极限状态的限制。何谓峰值和极限状态呢?比如,当一个人饥饿时,对食物的需求便会很旺盛,进而疯狂地获取食物,而一旦这个人吃饱后,在一定时间内他对食物就很难再产生渴望。但是自我实现需求则不同,它没有补偿需求其他四个需求那样所谓的峰值和极限状态,它是一种持续不间断的发展过程。[①]就像一个人的潜能是无限的一样,自我实现需求也是永远无法被完全满足的。自我实现需求被满足得越多,就会有新的源源不断的自我实现需求出现,而且一定是比之前的需求更多更高级,也更无限接近人的本质和真正需要,由此引发的边际效应也会越发明显,这也就意味着满足这些需求要花费的代价将越来越高,而供给这些需求的商品价格和利润也越来越高。所以正是自我实现需求的无限性,才给企业持续性发展提供了源源不竭的动力。当然,自我实现的这种毫无止境的需求特点,也对企业的创新能力提出了挑战,能否持续输出更高级的产品和服务是决定企业能否满足消费者自我实现需求的关键。

如今,随着经济水平的不断发展,"悦己消费"已经成为主流消费理念,各个行业、各个品牌乃至下沉到各个品类的商品,都已经完成了从销售商品到销售体验的业态转变,消费者也逐渐完成了"悦己者"的蜕变,而作为"悦己者"关注点也不再是曾经的产品功能、产品性价比,而更多的是关注基于产品实体基础之上的精神愉悦和情感体验。所以"悦己经

---

① 亚伯拉罕·马斯洛:《人类动机理论》,许金声等译,《动机与人格(第三版)》,中国人民大学出版社2007年版。

济"下的企业为消费者提供的是源产品，是体验，是基于产品的社交平台等。只有充分理解了自我实现需求的基本逻辑以及体验经济或者情感经济的规律，才能更好地抓住消费者，从而在商业竞争中占有一席之地。

第六节 "悦己经济"未来发展趋势展望

首先，"悦己经济"在未来很长一段时间都会不断地刺激市场持续增长[1]。"悦己者"对于商品的需求属于增长式需求，并不会像缺失性需求那样有峰值的存在，所以"悦己者"们会不断对自己追求的东西提出更高的要求来满足增长性需求带来的渴望。积极的需求也会刺激商家通过不断地创新和进步去生产越来越高级别的。不仅如此，随着"悦己经济"的持续发展和科技的不断进步，产品升级的空间和速度也在逐渐加快，同时还催生出类似现在比较流行的智能家居的升级产品，也ChinaGTP的出现，宣布中国正式进入AI（人工智能）时代，AI家居也许会在不久的将来取代智能家居，实现"悦己者"从解放双手到解放头脑的新的飞跃。

其次，"悦己经济"在未来会催生出更多全新的业态。[2] "悦己经济"没有兴起之前，"单身经济""鲜花经济""香氛经济""毛孩子经济"等相

---

[1] 《高质量驱动发展——2021年消费现象及产业洞察报告》，京东消费及产业发展研究院，2021年12月24日。

[2] 《"悦己消费"趋势或将创造更多新兴职业》，东方资讯，2022年4月11日。

关产品在自己的行业内或者领域内出现已久，但是并没有形成规模或者以业态的形式出现，但随着"悦己经济"的兴起，"悦己者"对一些商品的热衷，使得这些商品所在的行业甚至是其中一个商品品类迅速发展，并通过全新的营销、产品研发、销售场景、使用场景及其所包括的社交属性的后市场等一系列环节实现行业的升级和创新，成长为全新的业态，迅速占领一部分小众市场后再通过社交媒体、平台的发酵，吸引更多"悦己者"种草、拔草，最终形成了近千亿的市场。在未来，相信还会有更多的商品和品类在"悦己经济"的推动下形成全新的业态。

最后，市场在"悦己经济"的推动下会打破原有的格局。在"悦己经济"消费理念的主导下消费者只会对自己感兴趣的商品下单，在他们的眼中，根本没有所谓的一线品牌，有的只是产品的设计感、智能化和个性化，品牌价值变得微乎其微。例如，近些年爆火的国潮品牌就是如此。以香薰为例，"悦己经济"兴起之前，高端香水品牌基本上都被海外品牌垄断，国产香氛品牌只能游走在中低端领域，以相对较低的价位争得一丝生存空间。但是随着"悦己经济"的兴起，"悦己者"们更关注什么才是自己喜欢的，什么才能彰显自己的个性，而基本不会去考虑用什么所谓的名牌效应去"让别人刮目相看"。在这种消费理念之下，许多国产品牌乘势而起，打破了头部香氛品牌都是进口品牌的市场格局，而且，火爆的销量也彰显了"国潮来袭"的大趋势！

不仅如此，随着"悦己经济"在未来的进一步发展，市场上的商品甚至是品牌属性也会随之发生更深层次的改革。

悦己消费：新消费业态，悦己经济崛起

一、商品会越来越回归本质，品牌溢价的空间将越来越小

"悦己者"在消费时，能打动他们的一定是商品自身的设计格调、新颖的功能和品牌的独特个性，而不是牌子的响和贵。"悦己者"对他们钟爱的商品了如指掌，社交平台又可以给他们提供足够的信息，所以过高的品牌溢价是无法让他们认同的。因此，在未来的市场上，各大商家和品牌会将重点放在提升产品核心功能价值和打磨产品创意上，品质精良、个性突出、价格合理的产品会在市场上占比越来越大，较"大牌"商品而言，其竞争力也会越来越强，更会有越来越多的"国货之光"走进大众的视野。

二、品牌将越来越有"才华"

在之前的消费市场中，传统的高档品牌非常受人尊崇，消费者无论是出于炫富还是跟风的意图，都是"悦人"思维导致的行为结果，由此也引发了各类高档品牌的加价、配售、饥饿营销等现象。但是在未来的市场中，这种现象会越来越少，因为未来在"悦己消费"理念的主导下人们不再尊崇品牌的"高贵"而是更欣赏品牌的"才华"。品牌是否有独特的审美，是否有自己的调性，是否有特立独行的生活主张，是消费者关注的重点，而非华丽的外表，因而未来土豪式的传统高档品牌的地位将逐渐被弱化。

三、商品和品牌的情绪价值会成为其最大的优势

在未来的市场中，越来越多的品牌和商品会脱离商品本身的价值，而

通过情绪价值赢得消费者的青睐。我们已经知道了,"自我实现"是"悦己者"最高级的需求形式,但是在世俗中,在快节奏的日常生活里,社会自我和个人自我的差距却很大,并将越来越大,情绪需求也就变得越来越重要。这时品牌就会在价值观层面去扮演拯救消费者的角色,帮助消费者维护自己的个性,打破世俗的束缚,并安抚他们被歧视、被压抑的情绪。例如,传统观念就是认为女人喝酒不好,但就是有品牌敢于站出来维护女性消费者,并且其"微醺"的品牌定位更是一举打开了女性酒类市场。在未来的市场中,这类具有精神符号的品牌将越来越多,并且可以持久地获得消费者的拥护。

第七节 解析"悦己经济"三大陷阱与规避策略

"悦己经济"不仅促进了市场经济的繁荣,更让消费得到了更高层面的追求,无论是对经济发展还是对消费者个人发展都似乎"有百利而无一害",但是"悦己经济"同样隐藏着风险,尤其以三大陷阱最为危险。

陷阱1:"悦己消费"极易转变为"消费主义"

"悦己消费"以取悦自己为目的,"悦己者"消费的目的也是为了更大程度地获取快乐。心理学上有一个很特别的理论叫作"享乐适应证",也被称为"享乐主义跑步机"理论,是指当人们因为环境的改变而获得快乐的时候，就会逐渐适应新的环境，从而恢复到快乐的一般水平。也就是说，人们对于快乐的阈值随着消费的增加会变得越来越大，从而需要以更多的消费来提升快乐水平，就像人在跑步机上不停奔跑一样，去追逐一个又一个新产品。商家和品牌方正是利用了人性当中追求享乐的特质，将商品能够带来的短期愉悦感尽可能地包装成"悦己"的需求，来引导消费者消费。因此也可以说，"悦己消费"已成为享乐主义的陷阱。

购买奢侈品就是很好的例子，之前消费者购买奢侈品是"悦人"思维，大部分人购买奢侈品是为了向其他人彰显自己的财力和地位。而在"悦己消费"观念的引导下，购买奢侈品更多的是一种情感的需要，是一种自我价值的实现和自我宠溺的愉悦。例如"男人要对自己好一点""你值得拥有最好的"等广告词，便是商家利用这一点将放纵消费包装成"悦己消费"，为消费者创造过量需求。

正是因为如此，越来越多的人加入到了舍本逐末的队伍，为了让自己成为商家口中创造出来的"自己"，不断地进行着和自己经济能力不相匹配的消费行为，最终的结果就是消费者可能并没有真正地满足并愉悦自己，一切行为只是满足了商家为消费者营造出来的"快乐"，而并不是"悦己者"自己的快乐。

陷阱2：被颜值绑架的自己

人在"悦己消费"过程中非常容易因为容貌焦虑而失去自我，因为长久以来，人们对审美的标准尤其是对女性的审美标准好像出奇的统一，那就是要白、要瘦、要年轻，不符合这个标准的就是丑，这也导致了所有的医美类产品也好，化妆品也好，甚至是美颜、滤镜也都在推崇这样的执行标准。

根据相关报告，对全球中青年男女的颜值满意度调查得知，亚洲是全球容貌焦虑最严重的地区，而中国在亚洲又排名前三。这种发生在容貌方面的焦虑，在很大程度上会促使消费者通过各种手段去打造一个符合大众审美的标准化的自我。按照心理学的理论，人因外界的影响，而去改变并打造出来的"所谓非真实的自我"，会在心理上对人产生极大的影响，导致个体因长期自我认知的差异而情绪耗竭，因"非真实自我"和真实自我相互矛盾而抑郁，从而使自尊心受伤，并在人际关系中感到持续的孤独。

陷阱3：成瘾性消费的陷阱

在消费过程中，有很多产品是非常容易使人产生依赖的，比如酒类、奶茶、咖啡、香烟类（包括电子烟）等，都属于生理上的成瘾性消费品。伴随"悦己消费"而爆火的盲盒，给人带来的快乐类似于赌博；互联网直播以及自媒体、短视频平台的点赞、打赏等带给人的快乐，都属于心理上的成瘾性消费。现在各大互联网平台通过先进的大数据技术对用户数据进行分析后，会针对不同的用户不断且持续性地推送其感兴趣的商品进行成瘾性营销，并以此强化消费者的成瘾性行为。这一上瘾行为经心理学家和科学家分析后得出的结论是：上瘾性消费行为跟消费的产品无关，成瘾的消费者只是通过其消费行为，连续不断地刺激其大脑神经元分泌多巴胺，从而产生愉悦的感觉。所以，对于个体而言，成瘾性消费并不是真正"需要"或者"喜欢"这些产品，只是单纯地"想要"。商家就是利用了人类

悦己消费：新消费业态，悦己经济崛起

因缺少多巴胺刺激产生的空虚感，而不断地刺激消费者完成成瘾性消费。实际上，这种不理智的消费并没有任何实际意义且还会给消费者带来经济压力，所以成瘾性消费不被提倡。

真正"悦己"的核心是取悦自己，实现自己，做真实的自己。那么怎么做才是真正的"悦己消费"呢？

首先，在消费之前，一定要先弄清楚一个问题再行动，那就是到底是我买故我在，还是我在故我买！换言之，就是促使我们执行消费行为的需求是真实的自我需求，还是社会、商家或者他人等外界赋予我们的需求，要注意不要将"悦己消费"变味成悦人消费。"悦己消费"的"悦"应该来源于个体内在的意义感，最终极目的应该是实现自我这一高级需求，所以有效地规避消费主义陷阱的做法就是从追求消费转变为追求自我实现的价值。在即时型"悦己消费"和发展型"悦己消费"中更多去关注后者，例如，购买一些耐用的消费品，更多地投资一些自我发展课程和体验式的消费，来提升品位、开阔眼界、增加技能，真正做到自我发展和自我价值的实现。

其次，一定要正确看待颜值问题，要明白颜值并不能代表一切。"始于颜值，终于才华"，人最大的价值是他的思想和修为，并不是外表。长得好看的人不见得就有真本事，长得丑的人也不见得就一定没有能力。无论是人还是物，其品质和颜值并不存在必然的相关性。对人对物，在做选择和判断之前，一定要认真了解并且做好相应的信息收集分析，万万不可犯"以貌取人"的错误。另外就是对内，要正确地认识自己，接纳最真实

的自己。因为正确地认识自己是获取幸福感的最佳途径，接纳自己才是实现真实自我的最快方式。

最后，要摆脱上瘾性消费。"悦己"没错，但是"悦己"并不代表无节制地服从欲望，因为"悦己"思维的核心是要实现自我价值，而不是享乐主义，是在自我支配下选择让自己快乐的事情和商品，而不是受欲望的支配去完成消费行为。自律即自由，"悦己者"一定是自由的。

"悦己经济"在提高人们消费水平的同时，也极大地促进了社会经济的发展。但是要正确地认识"悦己经济"，避开因"悦己"所带来的消费陷阱，避免因"悦己经济"所带来的负面影响。总之，要做一个正确的"悦己者"，要让自己真正地快乐，要实现真实的自我价值。

第四章
解析"悦己经济"两大主体人群：
新中产、年轻人

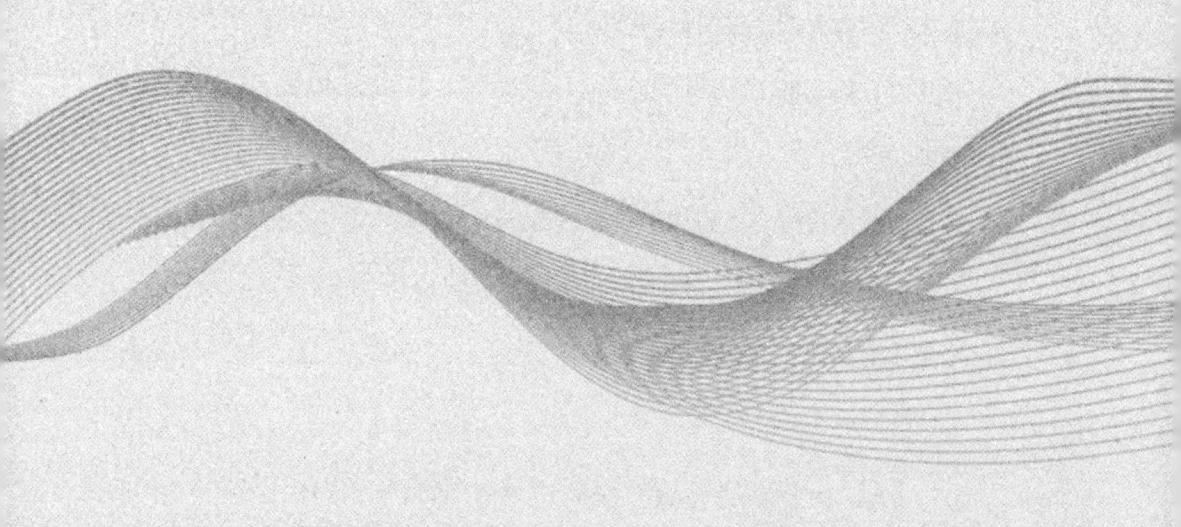

悦己消费：新消费业态，悦己经济崛起

第一节 新中产阶级的"悦己"消费特点

新中产阶级是指以年龄在 30 岁到 40 岁的人为基础形成的一个庞大族群。物质的相对丰富使得这个族群的人的内心深处有着强烈的安全感，而普遍接受良好的教育也使得他们在工作中时刻保持着强大的上进心，他们是品味高雅、热爱生活的一群人。

新中产阶级有着一套潜在的物质评定标准：在所在的城市拥有一套 80 平方米以上的不动产以及一辆价值低于 10 万元的家用轿车，并且有一份不低于年薪 15 万元的工作。[1]

新中产阶级有四个很明显的特征：

1. 年轻，以"80 后"和"90 后"为主力军，25 岁至 40 岁人群占比高达 61.4%。

2. 教育背景良好，本科以上学历占比高达 59.7%。

3. 多居住于国内一、二线城市，年收入水平 15 万元左右。

4. 追求有品质、有态度的生活。[2]

---

[1]《美媒：中国"新中产阶级"正崛起》，搜狐，2014 年 3 月 17 日。
[2]《2 亿"新中产阶级"的财要怎么理？》，新浪，2016 年 3 月 23 日。

新中产阶级在生活中也有着区别于其他阶层的特点。首先就是新中产阶级中的大部分人都很热衷于体育运动，虽然不可能像富人阶层那样去参加高尔夫或者登山那种相对奢侈的运动，但是对于跑步或者游泳这样的项目他们还是很热衷的，并且坚持一周运动一次以上的人大有人在。其次，新中产阶级也非常乐于追逐潮流和时尚，这种时尚不是购买奢侈品大牌，而是通过得体的服装、健康的体态和精致的装扮来体现。

新中产阶级普遍有归属感、安全感、正义感且非常自信，以作为这个社会中的一分子而自豪。面对困难和挫折从不后退，热爱环保、热衷慈善等是这个群体的人的非常明显的行为标签。

所以，积极向上、数量庞大的新中产阶级不仅是社会的一个重要的组成部分，更是影响社会发展的主要因素。因此，他们对于消费的认知和他们的消费行为，也在很大程度上左右着消费市场的发展。

新中产阶级各种明显的特征，从某些层面上已经决定了他们是站在消费理念的风口浪尖上的一群人，"悦己消费"理念最先影响且率先发力的便是他们。他们对于"悦己经济"不仅有着独特的理念，而且他们的"悦己消费"行为也有着非常明显的特征。

一、新中产阶级理性化消费特征明显 [①]

在消费过程中，比起产品的价格，新中产阶级更在意产品的质量和性价比。首先，他们的消费需求通常都是对内的，例如舒适、美味、贴合自

---

① 《吴晓波谈新中产阶级消费观：更理性 重体验》，央广网，2017年8月2日。

己的个性等，取悦的是自己；其次，他们的消费心理已经从炫耀转变为注重品质，这是典型的"悦己消费"的特点。

二、新中产阶级非常热衷高科技产品

敢于面对挑战的新中产阶级对新生事物的接受能力非常高，他们非常享受高科技产品所带来的便利和高效，并且非常愿意为智能化产品买单，其中的大部分人也是新生消费业态的拥护者和支持者。

三、新中产阶级更愿意为情怀买单

新中产阶级不仅是电影、演出类文化体验产品的主要消费力量，他们在购买产品时也更注重风格化和个性化。他们在选择商品时不仅对商品的品质有要求，更会去衡量商品所象征的价值是否与其自身品位相符，甚至是否符合他们当时当下的心情。因此说，新中产阶级更愿意为情怀买单。

四、新中产阶级十分看重自身的健康

新中产阶级人群非常注重生活的品位且热爱运动，对自身的健康状态极其看重，反映在消费行为上就是他们非常乐于为健康领域的产品和服务买单，比如健康绿色的食品，能带来生活好习惯的产品等。

五、新中产阶级更愿意尝试新品牌

敢于冒险且彰显个性的新中产阶级在选择品牌上更愿意去尝试不熟悉的新品牌和新产品。他们追求的并不是品牌的含金量，而是品牌的态度和文化属性，他们认为，选择品牌的调性是其自身的价值观和生活态度的体现。

六、新中产阶级更愿意为自己投资

新中产阶级的消费行为更注重对未来的期许与规划，他们更愿意为自己的未来投资。所以，新中产阶级同样是"发展型悦己消费"的主力人群。

第二节　新中产阶级的"悦己"消费洞察

新中产阶级的消费有一个非常明显的特点就是"律己"，根据《中国到店消费新趋势洞察报告》中的相关数据显示，他们对个体身材和外貌的要求已经提升到了与财务管理同样的高度。他们热爱工作，更热爱生活，他们很在意自己的身体健康，所以各种运动就成了他们业余生活的必选项目，如徒步、露营、瑜伽、舞蹈等都是他们偏爱的运动。

新中产阶级的另外一个特征就是"敢于面对挑战"，他们对生活、对工作都有着非常饱满的热情，面对挑战也有着充沛的斗志，他们认为挑战自己是实现自我价值的最佳手段。而且他们还认为，只有健康的身体，才能保持充沛的精力迎接挑战。因此他们十分青睐跟健康有关的产品和服务，体检、保健品、健身成了最受他们欢迎的自我投资类[1]消费产品。

新中产阶级的生活方式和消费方式有着相对一致的调性，和国际大牌

---

[1] 《新中产人群消费趋势报告（完整版）》，中国城市中心，2021 年 8 月 31 日。

及潮流国货相比之下，新中产阶级只在乎"品质"与"个性"。在新中产阶级的消费观念中，理性的"悦己消费"是他们主要的消费观念，他们不崇尚昂贵奢侈的商品，只买和使用自己喜欢且能带来心理满足的商品。相比于价格和价格能带来的虚荣感，他们对商品的性价比和体验感更加青睐。总而言之，新中产阶级回归了对商品本质的追求，这让他们的生活变得更加美好。

新中产阶级崇尚简约低调的高品质产品，他们不是简单地使用产品，而是要通过使用产品享受生活。同样，他们也并不接受趋同消费，他们更崇尚个性，倾向于选择有调性的产品。

新中产阶级不仅追求生活品质，他们更是把家庭放到了生活的第一位，所以他们不仅重视自我感受和自我能力的提升，也更注重家庭的生活品质和对子女的教育培养。在新中产阶级人群中，本科和本科以上学历者占到了六成以上，其中已婚人群也占到了八成，这使得他们又很快成了母婴和育儿市场的主力消费人群和消费风向标。富养子女的观念、超前的消费观和新颖的育儿观也给市场提供了新动力。

新中产阶级非常看重消费的体验感，他们敢于面对挑战，乐于享受生活，在工作之余更是会通过消费来享受生活，注重消费时的场景和氛围，给自己增加销费的体验感。因此，旅游、电影、逛街及各种参与性强的运动都成了新中产阶级的主要休闲方式。不仅如此，他们对于情怀风、复古风、怀旧风的消费场景设计也有很大的兴趣。

第三节 新中产阶级的"悦己"消费趋势预测

新中产阶级明显的消费特征就是钟爱"有个性，有意义"的消费，尤其是年青一代的新中产阶级更是欣赏老IP所呈现的调性，因此以情怀、复古、怀旧为主题的商业形态将越来越流行。[①]为增强体验感，引起消费者的情绪共鸣，近年来，情怀风、复古风、20世纪80年代港风等风格设计深受消费新中产阶级的喜爱。老式的"二八大杠"自行车、老式有轨电车、复古手工皮具、老画报、老报纸、歌舞厅等老场景、老物件都被经营者采纳并作为重要元素融入商业体的设计之中。不仅如此，各具特色的潮玩商店、各种风格的艺术展览也让"市井小街"变成了多种元素碰撞的潮流聚集地。

近年来，以北京和平菓局、南京1912街区、1192弄堂老上海风情街、西安大唐不夜城等为代表的极具复古特色的街区如雨后春笋般遍地开花，均成为时下火爆的"网红打卡地"。怀旧复古的街道，古香古色的店铺组成的穿越般的场景体验让生活在钢筋水泥的城市人感受到了不一样的人间烟火气，与现代、繁荣的城市形成了强烈的反差，迅速成为一个个独立的

---

① 《从主体特点、消费洞察、趋势预测看新中产阶级群体的消费心态与消费理念》，赢商网，2022年2月21日。

文化 IP，让热爱体验感的新中产阶级，尤其是年轻群体争相"打卡"。这些"疯狂"加入的年轻群体，同样也为这些老街道带来了新的活力。

随着对下一代成长和发展的愈加重视，新中产阶级人群会持续推动儿童消费市场的不断扩大，消费潜力也将不断攀升，高品质高科技亲子业态将获得大力发展。例如，亲子乐园、亲子餐厅、亲子拓展、幼儿培训、幼儿才艺、幼儿教育等将成为新中产阶级父母们最爱探索和尝试的品类。

很多商业体在规划时更是在原有业态基础之上增加了对亲子空间的打造，大力增加亲子业态配比，儿童教育、儿童餐饮、亲子乐园等一应俱全，定位清晰明确，直指"亲子家庭"客群。以南京一亲子业态为例，更是精准定位"新中产阶级亲子业态"。以亲子为核心，以营销新中产阶级为目标打造的消费空间之中，整整两层楼的亲子品牌，占地 6000 平方米的亲子主题游乐园，著名的连锁小型游乐场、幼儿才艺和早教培训机构、火爆的"幼小衔接"班一应俱全，家长与儿童完全不用走出商场，便可进行一站式的"购、游、玩、学"体验。

像南京这样的商业体在国内并不是个例，各种集合商业、培训、娱乐、购物的综合商业体在一线、二线城市迅速崛起，引发了"亲子乐"的一波又一波热潮，深受宝妈、宝爸和小朋友的喜爱，各种梦工场、VR 娱乐、车站式旋转滑梯、体感休息区等超高人气项目的汇集，新鲜的购物体验、升级的娱乐模式，让家长和孩子在互动中既解决了消费需求又享受到了难得的亲子时光。

不仅各种综合亲子商业体成了新中产阶级家长和孩子的乐园，基于高新科技打造的主题乐园也成了新中产阶级的新宠儿。卡丁车俱乐部、魔法主题公园、VR体验馆、5D游乐城等都备受新中产阶级宝爸、宝妈的追捧。可以说，这类高品质、高科技亲子业态将是未来最有前景的商业发展方向。

新中产阶级热爱生活，总是以"做更好的自己"为生活和需求的目标，他们可以为了拥有一个好身体而做到有规律地断食，由此，"轻食"概念应运而生，他们极推崇"低热量、清淡"的饮食和"少吃多餐"的理念。此外，在"更好的生活需要持续提升自己"理念的支配下，中产阶级对参与各种技能培训也充满了兴趣，如练习英语口语、参加读书会、参加培训课等是他们非常热衷的活动安排。也因此，在后疫情时代，各种"读书会""培训课""成功学讲座"等线上兴趣课堂得到了空前的发展。

除了注重饮食和提升自己，新中产阶级对运动的热爱也是空前的，由此，便催生出了以"购物中心+运动中心"为主题的新业态商业体的形成和发展，让中产阶级在享受购物的同时又能满足其热爱运动的需求。

面对新中产阶级，粗犷、单调的单一业态模式已经满足不了他们多元化的消费需求。因此，在未来，购物中心会逐渐针对消费者群体进行垂直细分，对有不同消费习惯的消费者进行产品与销售模式的量身定制，重组营销渠道，以吸引新中产阶级的目光。比如，已经有很多汽车品牌进入了商场，品牌与新零售的接轨，场景化经营，增加了品牌与爱车人士的曝光率。

新中产阶级，尤其是新中产阶级男性"爱玩""爱刺激"，针对这一特点,越来越多的购物中心加入了电玩城、电竞中心甚至极限运动场馆等项目,并且国内已经成立了以电竞为主题的商业中心并引入了 KPL 专业比赛场馆,获得巨大的成功。无独有偶,国内也同样出现了将目光对准女性中产阶级的业态模式,如独立的设计师专门店、开放式的无边界书店、明星周边店等新潮时尚的业态设计,牢牢抓住了女性新中产阶级的目光。

第四节
年青一代消费者"悦己"消费渐成消费主流

随着时间的流逝,消费者也在逐渐迭代更替,"80 后"、"90 后",甚至是"00 后"都逐渐成为市场购买力的主力大军,年青一代消费者"悦己消费"思维已经呈现象级趋势。

主力消费者的年轻化现象,是各个行业不断关注的重要趋势,"00 后消费报告""95 后消费报告"等一系列报告传递出的信息,不断刷新着各个企业和品牌对消费者与产品以及消费逻辑的理解。

消费者越来越年轻化,也会让市场产生相应的变化。年轻消费者的特点如下。

首先,年青一代的消费者,就算购买同样的产品,也希望可以体验到不同的消费场景。例如,初夏的雨天,他们会选择一把清新颜色的雨伞,如果是冬日的雨天,同样是需要购买雨伞,他们会选择一把格子纹路厚厚布料的雨伞。又好比水杯，年青一代的消费者会分别购买喝咖啡的杯子、喝茶的杯子、喝饮料的杯子、喝啤酒的杯子，在不同的场景下选择不同的杯子，这也是年轻"悦己消费者"精致生活的一种极致表现。

年青一代的"悦己"消费者是"消费主义"的拥护者，喜欢直接用消费来解决生活中遇到的问题。要做房间卫生，他们会花钱雇小时工来打扫；吃完饭后要洗碗，他们会花钱买个洗碗机；他们养猫，会购买自动喂食器、自动水盆、自清洁猫砂盆。能花钱解决的问题，就绝不自己动手是年青一代消费者的一大特点。

其次，年青一代的"悦己者"，也同样更喜欢那些有设计感、有个性、有品质的小众品牌。他们虽然不一定会拒绝那些传统的大品牌，但一些小众、有设计感、具个性化，尤其是可以给他们提供专属定制的品牌更受到他们的追捧。

颜值即正义是年青一代消费者的主要消费特点，是"悦己价值观"带来的新兴消费理念中尤其重要的部分。年轻消费者会争相收藏花西子的浮雕眼影盘，会排队抢购星巴克的猫爪杯等，这一系列的行为恰好验证了"颜值即正义"的流量价值。可以说，在大部分年轻消费者的生活中，"颜值即正义"已经成了一种不约而同的共识，且已经影响到了年轻人的消费选择，也因此颜值经济为很多中小品牌带来了商机。年轻"悦己"消费者已经快速崛起，并渐成消费主流。根据京东数据，2020年的线上消费中的"悦己消费"占比已达57%，尤其是16~25岁消费者需求最为旺盛。

再次，年轻消费群体对产品的需求也发生了大转变，他们不会像之前

悦己消费：新消费业态，悦己经济崛起

的年轻人那样盲目地追求传统的西方奢侈品，而是更加注重产品的品质和价值。这一转变不仅仅是消费观念的升级，更是国内产品品质和品牌形象不断提升的结果。

国内年轻消费群体消费观念的转变是传统西方奢侈品"退潮"的一个关键因素。曾经一度，西方奢侈品被中国消费者视为品质和地位的象征，但是随着国内经济的崛起和新一代消费者对产品需求的提高，这一观念逐渐发生了改变。

最后，国产产品迅速崛起。近些年来，国内产品的品位和品质在不断提升，品牌的定位和形象也越来越符合年轻消费群体的审美和需求。从食品到化妆品，从服装到电子产品，国潮产品在各个领域都展现出了不俗的实力，这些都成了年轻消费群体消费观念转变的催生剂。

年轻消费群体消费观的转变最突出地表现在价值消费这一观念的转变。现在的年轻人更注重产品背后的价值和文化内涵，他们愿意为那些与自己价值观相符的产品付出更高的价格。

在这个易变且充满变化的当下，不管怎么看，年轻消费者消费观念的转变都是一个积极的趋势。它表明了中国消费者对产品需求的不断提高和国内产品品质的不断提升。同时，这也提醒国内企业要更加注重产品品质和品牌形象，以满足年轻消费者对产品需求的变化。在未来的消费市场中，只有那些能够不断满足消费者需求，不断创新的企业才能够立于不败之地。[①]

[①]《年轻人消费的大转变》，今日头条，2023年7月26日。

第五节
悦己，Z世代消费者最重要的消费标签之一

作为伴随着互联网出生、和互联网一起成长起来的Z世代，也称为"网生代""互联网世代""二次元世代""数媒土著"，通常指的是在1995年至2009年出生的一代人，他们一出生就与互联网信息时代无缝对接，受大数据思维、互联网营销、智能移动设备等影响比较大。[①]

随着Z世代群体的不断成长，他们可支配的财富也随之增加，进而消费能力不断提升，或将成为新时代的消费主力军。不同于比他们年长的X世代、Y世代，Z世代群体有着他们自己特有的消费价值观、消费逻辑和消费偏好。了解并分析Z世代群体的消费特征，并运用于商业营销活动，是很有必要且迫切的。

与注重产品性价比的Y世代关注的是产品的价格不同，Z世代消费者不仅注重产品的质量，也重视产品的功能价值。[②]这也是非常能够体现"悦己消费"的特点。在选择一件产品时，Z世代消费者通常会货比三家

[①]《九州激荡四海升腾（百年大党面对面⑨）——为什么说新时代党和国家事业取得历史性成就、发生历史性变革？》，人民网。

[②]《Z世代消费行为分析与思考》，光明网，2022年2月21日。

悦己消费：新消费业态，悦己经济崛起

后才买。有研究表明，在影响 Z 世代消费者所关注的所有因素中，商品功能和质量的比例位居第一，这说明商品本身的功能和价值是否足够强和大，是吸引 Z 世代消费者的最根本保证，这同样可以证明低价销售策略对于注重产品价值的 Z 世代消费者来说吸引力不强，因为在 Z 时代消费者看来，物美比价廉更重要。所以面对 Z 时代消费者，商家在制作和宣传商品时，不要过分宣传产品的价格优势，而是应该实事求是地宣传产品本身的价值，并做好产品品控，如若不然，便不会得到 Z 世代消费者的青睐。

深谙"悦己思维"的 Z 世代消费者自然也是娱乐至上的一代人，他们更愿意尝试新鲜事物，而且也很热衷于消费者为体验付费。根据调研数据，61.91％的 Z 世代消费者每个季度至少进行一次观影、旅游等体验式消费。而在体验式消费的过程中，消费能带来什么样的享受成为 Z 世代消费者作出选择时最重视的因素，而且这个因素占比非常高。同样，在选择购买实体产品时，个人的兴趣与产品能带来的乐趣也是促使 Z 世代消费者做出购买决策的重要因素之一。[1]

Z 世代群体非常重视消费带来的快感，[2] 他们也愿意为快乐付费，为新鲜买单，如 VR 游戏、密室逃脱、剧本杀等沉浸式体验消费等诸多新鲜事物就自然成了他们比较热衷的消费项目。对 Z 世代群体来说，为体验、为服务消费理所当然，也多多益善。他们追求刺激感和新鲜感，渴望拥有不

---

[1] 中国传媒大学北京深化文化消费领域供给侧结构性改革研究课题组：《Z 世代消费行为分析与思考》，光明日报。

[2] 《Z 世代时尚消费图鉴：追求性价比，更注重取悦自己》，每日经济新闻，2022年3月15日。

同的体验，所以商家在设计产品和服务时，若针对的客群是Z世代人群，那么玩出花样、玩出新鲜、玩出不一样的体验感就是商家必须要考虑的三个重要因素。能够带给Z世代群体一个与众不同、特别新鲜的感受，就能迅速获得Z世代群体的认同，进而迅速占领市场。

Z世代群体最大的特点就是：伴随着互联网的产生而出生，伴随着互联网的发展而成长，所以互联网对于他们来说就像刻进骨子里的基因，他们对于互联网的熟悉程度就像他们熟悉自己的呼吸一样。依托互联网，Z世代群体能够在网络上寻找到与自己有着相同爱好、相同性格和相同价值观的人，并能够很轻易地组建有自己文化属性的圈子和社群，在圈子中交流和分享自己的购买心得和体验，与圈层内有着相同爱好的伙伴交流。

圈层文化让"悦己消费"迅速在Z世代人群中传播并发扬光大。因此，商家在经营活动中要有圈层意识，明白所进行的营销活动对的不是某一个消费者，而是同一圈层的一群人，想办法融入他们的圈层之中，重视圈层内部热度最高的人的想法和意见，并参考其想法、意见对产品和服务加以改进，获得圈层内人群的"打call"，做到以最低的成本和最有权的营销手段打造属于自己品牌的流量池的目的。

Z世代是"悦己者"阵营中最激进的一个群体，同样也是"颜值即正义"最忠诚的拥护者。他们在做选择时不仅会关注产品和服务的功能价值、深度分析产品的性能，而且还尤其看重产品的外观。因此，拥有独特新颖的设计、漂亮新颖的外观才能激起Z世代消费者的购买欲望。小到一支发卡、一双袜子，大到一部电话、一台车甚至是一套房，Z世代群体是

悦己消费：新消费业态，悦己经济崛起

不会只满足于产品功能的，外表靓丽才是促使他们购买的重要原因。所以即使是以性能和质量著称的商家，也同样不能忽视对产品外观的设计，不然就会痛失 Z 世代客户群。

Z 世代消费者相比其他群体拥有更强烈和真诚的情感及爱国情怀。他们对中华文化有着强烈的归属感和自豪感，并迫切地期望中国文化能够走出国门，发扬光大。作为奉行"悦己"至上的群体，Z 世代也是对国产品牌和产品最热衷的人群。虽然不排除购买能力有可能是他们不认同国际大牌的原因，但是他们作为支持国潮国货的生力军，对国潮国货抱有着强烈的包容心和期待。他们非常认可国潮品牌的设计和创新，原创有调性的国潮往往都能获得他们的青睐。而对于抄袭、剽窃设计的行为是他们所不能容忍的，他们希望可以凭借原创国潮国货的走红促进中华文化的发扬光大，而不再是仅仅对外来文化和设计理念的生搬硬套。因此说，时下国潮国货的爆红和国风文化的流行，Z 世代功不可没。

第五章
"悦己经济"品牌之关键：设计、运营和内容

　　随着社会的发展和消费行为的升级，"悦己消费"已经成为主流的消费模式。在消费快速升级的大潮中，消费者是非常愿意在消费能力允许的范围内尽可能地取悦自己的，因此"悦己经济"可谓商机无限。

　　作为商家，自己的品牌要想凭借"悦己经济"脱颖而出，无论是在品牌的设计、运营还是内容上都要下足功夫。

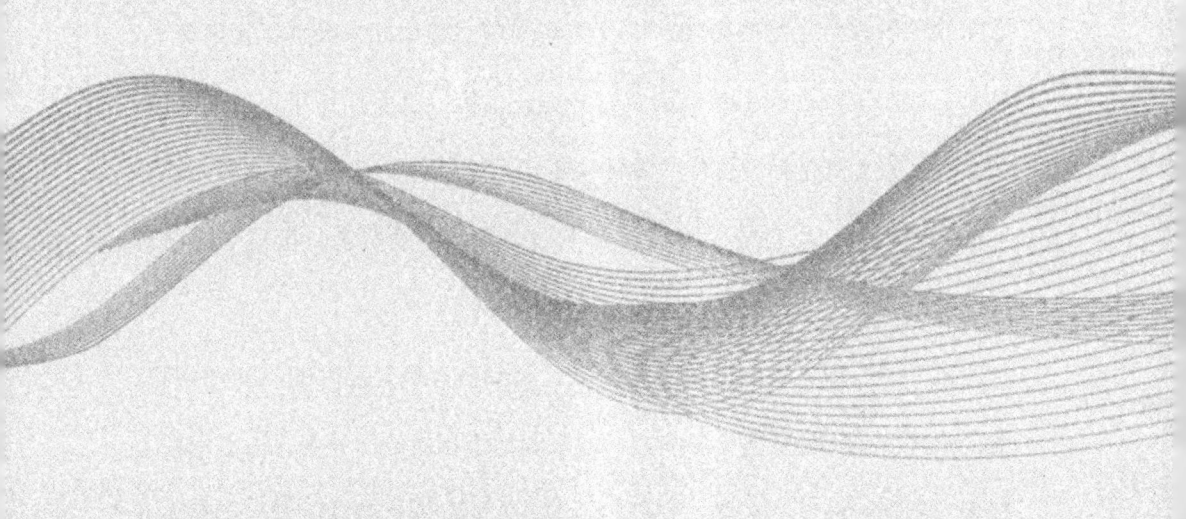

第一节
品牌设计——调动视觉感官，抓住年轻人的眼球

随着社会的快速发展、互联网信息的爆炸，如今的"悦己"消费者，尤其是年轻人，接收信息的途径可谓五花八门，所接触到的信息也异常丰富，这些都在潜移默化中影响着年轻人的审美和价值观。在"悦己消费"理念的影响下，年轻人变得更加崇尚自我，进而其审美也变得多样化。而"悦己消费"又很看重品牌的特性，尤其是品牌的调性和文化属性，加之"悦己消费"中很大的一个特点是"颜值即正义"，所以越来越多的企业开始重视品牌设计、品牌影响，以及如何利用品牌设计来吸引年轻消费者。品牌方要想成功地吸引年轻消费者并完成销售，就要抓住年轻人的眼球，将品牌形象尤其是品牌调性的设计与年轻人的审美、价值观和消费习惯联系起来。因此，出色的品牌设计是抓住"悦己"消费者，抢占"悦己市场"的第一步。

在"颜值即正义"的消费背景下，高颜值必然是品牌的门面和招牌。无论是进行品牌设计还是产品设计时都要注重用精致的外观、极富个性的造型、超强的设计感来第一时间抓住年轻人的眼球，以颜值激发年轻人的

消费力。例如，某热销的国潮品牌，正是通过大胆的设计、个性化的产品外形、大胆的产品配色来强化产品的视觉形象，让"动物眼影盘""小黑钻口红"等产品都成为现象级彩妆爆品。

产品形象是品牌形象最终端的呈现方式。所以产品设计，尤其是产品的外形设计是吸引年轻消费者的重中之重。品牌方应该尝试将产品设计与年轻人喜爱的流行元素结合，以增强品牌和产品的吸引力。例如，某可乐品牌在中国于2018年推出了系列"中国风"包装，产品外形的设计灵感来源于中国传统文化元素。这种全新的极具辨识度的包装设计成功吸引了年轻人的眼球，使该品牌的可乐产品在年轻人当中被贴上了"年轻人可乐"的标签，在年轻消费群体中获得了一致的认可，市场份额也有了大幅度的提升。

作为推崇"悦己消费"的年轻人，最明显的特点就是他们追求个性，崇尚自我，喜欢与众不同。品牌方需要通过打造独特的品牌个性来吸引年轻人。例如，喜茶通过创新口味、个性化的包装设计和独特的店铺装饰，成功地打造出了自己的品牌个性，成为年轻人的新宠。

作为"网生一代"的年轻人，社交媒体是其最常使用的平台。因此，品牌要想抓住年轻人的眼球，利用好社交媒体是其宣传的必修课。品牌必须学会如何通过社交媒体与年轻消费者建立联系，比如，在其社交账号上发布精心设计的好玩、有趣、引人入胜又带有品牌独特个性的视频内容，通过内容吸粉客户，创造话题，作到精准营销。例如，某快餐品牌在中国

悦己消费：新消费业态，悦己经济崛起

市场精心策划并推出了一系列富有创意和趣味性的社交媒体营销活动，如发布有趣、搞笑的短视频、举办线上话题互动、抢优惠券活动等，成功地吸引了大量年轻粉丝的关注。

为了抓住年轻人的眼球，跨界年轻人喜爱的综艺、音乐节、电影等热点娱乐项目是打造品牌形象、彰显品牌调性非常有效的手段。跨界合作不仅可以使品牌形象焕然一新，还可以通过跨界的另一方佐证品牌的调性，导流另一方的客群，以更立体化地提升品牌吸引力。因此，企业应该尝试与年轻人喜欢的明星、潮牌、休闲娱乐活动等进行合作，常用的方式有植入、代言、冠名等，以此相互赋能，共同打造出具有个性的、时尚感强的和有吸引力的品牌及产品。

举办线下活动可以让品牌走到年轻消费者当中，为企业与年轻消费者建立更生动、更直接的联系。通过活动，企业可以直观地展示品牌的形象，产品的体验，来提高品牌知名度和产品体验感。企业应选择在年轻人聚集的地方举办各类线下活动，如音乐节、艺术展览、体验式活动等，将品牌与年轻人喜欢的文化元素相结合，包括娱乐、新潮、二次元等。例如，中国的某手机品牌在高校举办了一系列创意摄影大赛，邀请学生参与活动并展示自己的摄影作品。通过这样的活动既让学生体验了手机优秀的拍照功能，又满足了学生实现自我价值的需求，同时又能吸引更多年轻消费者关注活动、品牌和产品。

总之，企业要想通过树立品牌形象抓住年轻消费者的眼球，就要充分了解年青一代消费者的审美、喜好和需求，并将这些转化为视觉语言融入品牌设计、产品设计和品牌个性、营销策略等方面。创新产品外形设计、打造独特的品牌调性，再通过社交媒体进行营销、跨界合作以及举办线下活动等将品牌形象推广出去。在品牌形象的升级过程中，企业需要不断进行尝试和改进，以期在激烈的市场竞争中脱颖而出。

第二节
品牌设计二——帮助消费者表达"个人的自我"

品牌需要通过设计包装建立特定的品牌形象和声誉，帮助客户实现自我价值，并成为他们心目中"自我的样子"。品牌通常会以独特的配色、设计和品牌故事的传播尽全力营造一种特定的形象、调性和价值观，借此吸引并绑定那些同频的客户，即希望成为该品牌所呈现的某种形象或价值观的人。例如，某些高端奢侈品品牌营造出的形象都是精英、贵族这些高品质的人或事物，购买该品牌的产品会让人有一种自己也成为精英、成为贵族的自我价值感，从而让人变得更有自信。

如何利用品牌设计去帮助客户表达"自我"，实现"自我价值"呢？

首先，要设定品牌的核心价值观。品牌的核心价值观是建立品牌形象的基础，也是重要的品牌特性之一，因此其设定应能准确地反映品牌所代

悦己消费：新消费业态，悦己经济崛起

表的文化、身份、价值、理想和信念，并通过核心价值观去圈粉同频的目标客户，当客户与品牌产生联系后，品牌也将逐渐影响客户并引导客户去接受品牌产品的设计理念。

其次，品牌的设定应充分发挥其个性。"悦己消费"最大的一个特点就是彰显个性，突出自我，所以"悦己"消费者非常注重对个性化的打造，在选择品牌和商品时，也会优先考虑有个性的品牌。品牌个性是品牌形象的主要特点，因此品牌必须开发设计出独特的个性，通过极具标识化的品牌LOGO、极具特点的包装设计，或者独特的产品设计，引起客户的兴趣和认可。之后再结合品牌故事、广告宣传、网站曝光等方式将品牌个性宣传出去，以迅速建立品牌个性，吸引客户并传达品牌的价值。比较有代表的如以小罐包装的茶类产品，通过独特的小罐样式的包装，结合制茶大师的故事为宣传点，对品牌个性进行高频次的曝光，让此类小罐茶迅速成为了爆款产品。

再次，建立品牌，一定要保证品牌形象的一致性，其是品牌能否迅速推广、迅速影响消费者的重要因素。品牌在任何场合下的表现，都应保证其形象的统一。高度的信息一致性可以在消费者心中形成强烈的标签化印象，以此建立消费者对品牌深厚的信任感，使消费者潜意识里认为品牌代表着一种可靠的形象和鲜明的特征。

最后，与消费者建立积极、稳定的联系。品牌最重要的功能是与消费者建立联系。通过社交媒体、线下活动、传统媒体以及其他渠道等与消费

者建立起良好的沟通和反馈机制，如此品牌才能更好地了解并分析消费者的需求和意见。此外，品牌与消费者建立起联系后，通过积极的反馈来呈现一种更加靠谱的形象，并充分了解消费者的信息，有助于帮助品牌企业了解消费者真实的自我期许和自我需求，进而通过推送与消费者需求相符的产品或消费者定制化产品，来帮助消费者成为他们想成为的样子。

此外，品牌还可以通过提供独特的、定制化的产品或服务，帮助消费者达成他们很难做到的事情或很难拥有的事物。例如，某些科技品牌开发了智能、先进的产品，使得消费者可以轻松地完成他们的工作，或者更愉快地享受娱乐活动。这些品牌就是以科技为价值，通过提供更好的体验、更高的品质和更智能的服务，来帮助消费者获得他们从别的品牌难以获得的体验。

因此，成功的品牌形象，对于消费者，要有鲜明、统一、个性的品牌特征，且品牌要体现可以帮助消费者实现自我，达成难以达成的目标和满足特定需求的特点，如此才能最大限度地获取消费者对品牌的忠诚度。品牌可以通过以下几点来实现这一点：

首先，品牌要特别地专注消费者的需求：了解消费者的实际需求并设计能够满足这些需求的产品或服务。在进行品牌设计时，应着重突出产品或服务的独特性，用差异化吸引消费者并区别于行业内其他品牌，也就是要有足够强的排他性。

其次，品牌应尽可能为消费者提供具有高附加值的产品或服务。品牌在研发时应尽可能为产品增加实用的附加功能和相应的保障服务，以提高产品或服务的价值，从而提升品牌价值。这些功能和服务包括长期的技术支持保修、操作培训等。这些都有助于增强消费者黏性，提升消费者满意度，并让消费者认识到选择该品牌更有实际价值。

再次，品牌要学会引领潮流。品牌需要时刻关注、研究市场趋势，以不断地设计并推出具有前瞻性的产品或服务，让品牌始终走在行业发展的第一梯队。这样不仅可以提升品牌在该行业及消费人群中的影响力，还更容易吸引消费者中猎奇、猎新的激进人群。

最后，提供良好的售后服务。良好的售后服务是保持消费黏性的必要条件。良好的售后服务不仅包括常规的产品维修、保养、替换服务、24小时在线客户支持等，还包括及时的产品再升级（周边配件）和新功能的升级（固件升级）。这些服务会有效增强消费和品牌之间的信任关系，增强消费对品牌的信任度。

第三节
品牌运营——针对个性化需求，实行差异化运营

近年来随着社会的进步、经济水平的提升和消费模式的升级，人们对于消费的需求也变得更加多元化。为了满足不同消费者个性化的需求，商

家和品牌方也在不断的变革创新中，主题体验式消费场景正是在此种情况下发展起来的。以前无论是商场、超市还是餐厅只需要单纯满足消费者对购物、饮食的需求即可，然而现在的大部分消费场景需要成为购物、休闲、餐饮、娱乐、教育等业态的综合体，才能满足新时代消费者的多种需求。主题商场这一营销模式的出现，是企业实行差异化运营的里程碑，并由此吹响了个性化服务的号角。

主题式商场，是在原本商场的基础布局之上将功能区域细分成若干个不同主题的消费区域，使其改变成多元化的消费场所，来最大限度地满足不同年龄、不同层级、不同审美的消费者在消费过程中的不同喜好和需求。根据消费者的不同特点，如年龄、喜好、职业、教育背景等因素，将传统商场划分为与之相对应的主题鲜明、个性独特的多元化消费场所，将业态及品牌组合通过统一的视觉系统，包括建筑设计室内装饰、店内陈设、服务等一系列配合体现统一的主题的细节，让消费者形成鲜明的视觉和感觉冲击。通过对主题的抽象挖掘和有效推广营造，商品即"道具"、店面即"舞台"、商家即"演员"的消费场景，让消费者如临童话般地在主题商场内完成消费行为的同时，也获得新奇、美好的体验。

其实不仅是商场，如食品、服装、智能科技、消费电子、美妆等领域的竞争也都在变得越来越激烈。在这种情况下，如果不做好差异化战略，那么企业和产品就会陷入永无休止的低级别竞争中，价格战、渠道战、产品战，一战接一战，就算企业侥幸在这样的内卷中销售额有所提升，可是

悦己消费：新消费业态，悦己经济崛起

付出的代价却非常大，利润率也会持续下降。所以，只有做到了真正的品牌差异化，才能让企业在激烈的市场竞争中立于不败之地。

首先，是消费场景差异化。在消费市场中场景所发挥的作用非常大[①]，比如某键盘品牌就利用了消费场景差异化迅速崛起。计算机键盘是我们非常熟悉的一类电子产品，无论是老板，还是白领或学生，基本上都会每天接触到，但这并不能证明人们了解键盘这一行业，不同的键盘品牌所代表的文化、产品功能、产品特色和使用场景是完全不同的。

键盘其实只是为了打字输入而发明的，所以便宜、好用、耐用就成了大家甄选键盘的标准。但是随着千禧年后计算机的大范围普及和计算场景的增多与多样化，如办公、移动办公、电玩等，使得人们对键盘的需求也逐渐增多和多样化。随着消费升级浪潮的兴起，有品牌率先意识到差异化营销，于是开始重视电子竞技领域，机械键盘大行其道；有的品牌则是针对大众需求和办公场景，主打好用耐用；还有的品牌专注于高端商务场景和专业技术场景，如设计师、动画师等，把专业和高端作为自己的核心竞争力。

在众多的键盘中有一个大家耳熟能详的键盘品牌，在不断的市场竞争和消费升级中，开始重视根据不同的消费场景进行不同的方式营销，展开不同的产品功能研发。目前，该键盘公司已将品牌拆分为两个子品牌，分别在各自的领域进行发力，一个主打电竞领域，一个主打商务领域，尤其

---

① 《新场景如何带动新消费？专家：让消费者身临其境去感受》，央广网，2021年12月18日。

是高端商务办公领域，并因此获得了巨大成功。

其次，是信息传达差异化。在多元化的市场下，"悦己"消费者对品牌价值的关注点和消费的兴奋点也不一样，有人倾向于功能价值，有人倾向于内容价值，有人倾向于情感价值，有人则倾向于社交价值。虽然消费者关注点不同，但产品营销必须围绕其中一个价值来进行策划和表达，并将该价值传达给有该需求的消费者。

以国内另一个红海市场——饮用水市场为例，这个领域有个非常明显的特点，就是品牌众多，价格差异大，消费者很容易在不同的极致维度上找到自己想要的产品。钟爱社交价值和高品质生活的，有进口品牌的矿泉水，高端大气上档次；注重食品安全和特种功能的，有专门的婴幼儿用水，某品牌还有泡茶专用水；如果诉求是健康，则有海南岛的火山水；如果只是单纯地满足饮用需求，那么各大品牌都有物美价廉的纯净水可供选择。

在竞争如此激烈的市场中，有一个以"凉白开"命名的饮用水品牌突围而出。这个品牌的成功，是源于国人所特有的健康生活观念。在中国，最传统的对水的加工方法就是加热，将水烧开。在传统中医理论当中水有生、熟之分。生水属寒，煮沸后的熟水寒性大大减轻，饮用熟水凉白开更有益于身心健康。该品牌水的定位就是充分利用了中国人传统思想中的一个认知概念和烧开的水更有益健康，并将其作为差异化运营的关键点，再结合相应的营销手段，让"凉白开"迅速打开市场，占领消费者心智。

第四节
品牌运营二——基于生活情境，强化感官体验

在"悦己消费"中，消费者非常注重消费所带来的体验，这种体验的好坏也成了消费者消费行为能否实现的关键，所以带入场景式的"体验式"消费才是未来商家赢得消费者青睐的关键所在。

在以前，经济发展相对缓慢，物质基础相对匮乏，信息来源也相对闭塞，商家宣传产品的方式无非是电视或报刊等宣传媒体，而人们的购物方式也显得简单而直接，都是去商场或商店购买。甚至购买时间和购买动机都要考虑。作为商家来说，其发布广告的方式是广域意义上的发布，发布的精准性基本谈不到，而作为消费者，也是在被动地接收产品的信息宣传。

但随着计算机越来越普及和互联网的繁荣，互联网替代了传统媒体承担起了人们与外界信息联系的桥梁，人们学会通过互联网检索来获知商品和品牌信息，于是，通过互联网为商品打广告成了商家常用的产品宣传方式，但此时购买方式依然是传统的到店购买方式。

随着互联网技术和社会的不断发展，互联网购物平台的诞生彻底改写了人类消费的历史。商家们顺应潮流纷纷将商铺开到了互联网平台，广告

宣传也是通过互联网购物平台进行，透明且详细的产品信息一览无余，方便了消费者进行甄别和购买。与之相配套的物流产业迅速发展壮大，让消费者实现了足不出户就能完成消费的行为。

近年来，随着手机功能的不断进步和多样化，移动互联网经济骤然兴起，人们的购物方式也从之前的电脑端逐渐转移到手机端，支付方式也从曾经的网银转变为手机银行和其他手机交易方式，随时随地实现购物成了现实。

在移动互联网时代，消费者任何时间、任何地点想要购物，都可以拿出手机秒下单、秒付款，然后商家发货快递公司运输并送货上门，使购物变得更便捷。

互联网购物、移动互联网购物，使消费变得具有了连贯性和随时随地性，由此引来了场景式购物，消费者对产品体验的方式也越来越挑剔，促使各大商家在场景式的"体验消费"上作出不断的创新。[①] 什么是场景式消费呢？形象地说，在销售过程中，以环境为背景，以服务为舞台，以商品为道具，通过环境、氛围的营造，使消费者身处某种场景中，通过口、耳、鼻、眼、心同时感受到"情感共振"式的购物体验，即通过情景式身临其境的感受来打动消费者，触发其购买欲望，从而实现产品的销售。简单地说，就是以生活化的场景触动消费者的感受，从而唤起消费者的购买欲望。

---

① 《把握情感需求 提升消费体验 促进"场景购买"新零售时代以"攻心"为上》，搜狐网，2017年9月8日。

| **悦己消费**：新消费业态，悦己经济崛起

场景式消费属于体验式消费的一个细分领域。在很多时候，单纯产品的体验不足以唤起消费者的兴趣并促使其买单。这时，就必须营造一个合适的场景，通过氛围烘托，来唤起消费者内心的渴望激发其情感上的共鸣，实现购买行为。就好比家居大卖场，单件的家居机械性地堆成山放在一边，消费者可能连挑选的欲望都没有，但如果把沙发、靠枕、茶几、杯盏装饰成一间客厅，消费者身临其境，就会感受到家的温馨，购买的欲望也会随之被唤起。这就是典型的场景式"体验消费"的魅力所在。

场景式的"体验消费"一般有以下特点。

一、场景式体验消费的随时性

场景式的"体验消费"有很强的随时性。高速发展的互联网时代，微信、微博等社交软件成了人们社交的主要载体，让诸多网友乐此不疲。比如，人们通过微信朋友圈无意间看到好友穿的衣服、戴的首饰，如果觉得好看，就很容易触发自己的购买欲，在经过询问购买渠道、好友推送链接后下单购买完成，这一整个的消费流程快速又方便，真正实现了购物的随时随地性。此外，还有许多商家会以红包的形式鼓励消费者上传买家秀，以此来刺激其他消费者购买。在上述的消费过程中，消费者是完全不带有目的性的，完全是因为受到了某个场景的刺激，激起了其购买欲望，这就是场景式的体验性消费的随时随机性，任何时候都有可能发生。

二、场景式体验消费的非关联性

场景式体验消费是非关联性的。例如，在聚会中，聊到了某个话题，

转而又聊起朋友最近在做的产品，基于对朋友这个人的信任以及产品的功能，就会对其产品产生购买的想法。从某个话题聊到产品，这之间完全没有任何联系，而纯粹是因为朋友这个"人"和所处在的环境起了作用，这种购物过程就体现了消费的不相关性。

三、场景式体验消费的多元化

随着互联网的不断发展和各大社交平台的成熟，"群岛时代"来临，物以类聚、人以群分的群体特征让人们组成了一个又一个圈层，针对特定群体和圈层进行的场景设计，使得场景式体验消费变得更为多元化和立体化。

商家针对不同圈层、群体的消费者提供了各类主题的消费场景：生日主题、派对主题、恋爱主题、结婚主题、亲子主题等，带爱人吃一顿浪漫的烛光晚餐；陪孩子度过一个难忘的亲子派对；约上三五好友来一场特殊的聚会。在如今的消费市场中，消费者同样动动手指就可以很轻松地找到相应场景所对应的商品。

场景式体验消费在改变了移动互联网的消费模式的同时，也满足了消费者多元化的需求。科技不断进步，产品陆续迭代，体验也必须日新月异，如此才能赢得消费者的心。

第五节
品牌内容一——通过借势内容，传达悦己理念

在如今盛行的"悦己"消费潮流的影响下，品牌的形象尤其是内容的宣传能够抓住消费者眼球，是促成消费的关键。那么如何有效、高效地进行品牌内容的宣传呢？而"借势传播""借内容传播"恐怕是效果最好、成本最低、传播最迅速的宣传方式，具体如下：

一、热点话题营销

借热点话题营销。通过借助"热点"事件自带的话题性和流量，让其成为企业内容宣传的载体，实现品牌和产品的快速传播。

比如，俄罗斯世界杯期间，某品牌以法国国家队中国区赞助商的身份出现，推出了"法国夺冠退全款"的营销活动。一开始该商业行为受到了很多人的质疑，在法国出线后，越来越多的消费者抱着看戏的态度持续关注该品牌动向。就这样，直到比赛结束，"夺冠退全款"这一营销事件都受到了人们的高度关注。这一借势行为，让该品牌当时的知名度持续霸榜，迅速获得了品牌知名度与美誉度的提升。

品牌在借势宣传时要注意这样几点：首先，借势的势头要与品牌战略

一致。以上案例的关键点是该品牌是世界杯的赞助商，借势的方向与战略方向在一条线上。借热点就好比是"搭热点的便车"，上错了车，宣传效果就会南辕北辙。其次，当热点话题出现时，不要简单粗暴地去蹭热点，而是通过设计的方式，让品牌融入到热点之中，让人不知不觉地接受。最后，宣传的核心是解决问题而不是制造新的问题。上述案例中的"夺冠就免单"的借势营销，很自然地提高了受众的期待值，并且增加了看球过程中观众的博弈感，是解决问题。又比如，疫情期间，面对不能出门的问题，各商家打出了云赏花、云蹦迪的造势就深受人们的欢迎，但如果是借疫情热点制造焦虑，贩卖产品，最终结果一定是失败的。所以，借势方向要与品牌战略一致，方式要相互融合，且结果必须是解决问题，这是借热点营销的三个要点。

二、时间节点营销

借特殊时间节点营销，顾名思义，就是利用有代表性的时间点，提高产品的传播速度和转化率。每到各种关键节点，自媒体便会出来推销各种含有营销信息的日历，大到传统节日，小到纪念日，都被标注得仔仔细细并做了忌日特征的相关信息描述，做到尽力不错过每一个宣传时机。

就好比某汽车品牌曾经发布了一条暖心的广告视频《致奋斗路上的每一个你》，致敬那些在中秋节依然奋斗在路上，不能回家与家人团聚的人。凭借这次的关键时间节点营销，通过视频画面带给观众视觉情感，引起受众强烈的情感共鸣，从而拉近了受众与品牌的距离，增加了消费者对品牌的记忆度与好感度，更传递了品牌的温度，是一次非常成功的营销。

时间节点营销也不是简单的营销事件。首先，要推陈出新。时间节点营销和热点营销不同，热点事件性营销是随机的，且出现重复的概率不大，而时间节点却是固定的，各种节日、纪念日今年在，明年依然会在，所以仅依靠一成不变的文案、概念和海报，是很难引起消费者关注的。其次，要将所传达的内容"隐藏"好。比如，上面所举的汽车品牌视频的例子，该视频内容只在片尾出了品牌产品汽车，让理想飞扬。但在整个视频内容中，故事也好，文案也罢，都很艺术地植入了出发和速度的概念，"隐藏"得很好。最后，在借时间节点进行营销时，宜精不宜多，做到宁缺毋滥，太多太复杂的借势时间节点会让消费者有审美疲劳和品牌疲劳。总之，借势时间节点营销需要有足够的创意、必要的隐藏和慎重的选择。

三、平台内容营销

借势平台内容营销，即借水行舟，平台与品牌双方将各自的优势相互赋能，用最小的成本实现营销事件的最大化推广，达到最佳的营销效果。如前几年某平台春节的锦鲤活动就是一个非常有代表性的例子。如今，锦鲤女孩可能已经渐渐被人们遗忘，但这一营销事件却还每每被人提起。活动过程中，该互联网平台提供平台及品牌背书，各平台商家通过微博互动加速推动，纷纷为"锦鲤大奖"加持，一时间互联网上百花齐放，热闹非凡。这次借势营销，该平台和平台上的商家都达到了自己的营销目的，消费者也获得了福利，是非常成功的一次借势营销活动。

通过案例可以知道，借势平台营销一定要满足以下几点：一是平台要自带流量且有一定的公信度。如"锦鲤大奖"活动能顺利进行，与发起者的平台影响力是密不可分的。二是要有众多借势的伙伴商家参与，参与商家较少活动也进行不下去。三是消费者要实际获利。有些商家借势，只有噱头没有实打实的福利，消费者是不会买单的，所以必须要让消费者获得实际的福利。

四、影视内容营销

借影视内容进行营销就非常普遍了，影视广告植入、赞助等都属于影视内容营销。借影视内容营销，一般分为硬广和软广两种，硬广就是直接贴片进行品牌广告片的宣传。软广则是通过将展品植入到影视内容本身来进行宣传。比较常见的，是在各大互联网视频网站观影时，突然出现的15秒的剧情广告，或是在影视剧下方出现的画中画一样的广告。这种营销，就是凭借着影视剧的收视率，让自己的产品随着影视剧的火爆而增加曝光度，进而让消费者产生印象。再如，植入广告，这比较容易理解，一方面是借影视作品的热度，另一方面就是"场景营销"在起作用了，比如看到自己的偶像在喝什么牌子的咖啡，粉丝是一定会愿意去尝试的。

借影视内容营销要注意几点：一是时间不宜过长，比如很多广告是10~15秒，时间长了反而适得其反；二是频率要合理，不要因为广告的频繁出现而影响消费者观影；三是要艺术性地植入，尽可能避免在影视作品中特别硬性甚至是穿帮式的植入。

五、用户自身营销

借势用户本身营销，是指消费者每一次消费，每一个关注品牌的动作，都有可能作为一个营销点，比如观察、购买、分享等，因而说借用户自身进行营销是一种很讨巧的营销方式。

就像现在很多的网红奶茶、网红店一样，商家往往会营造供不应求的景象，买一杯喜茶要排队，想去"品尝"新店要排队，当消费者在店门口徘徊，争相购买的时候，已经是商家的借力点了。

其他像互联网购物平台的评分机制，也都是在借用户营销的一种手段。商家自诩十句，不如客户一句，就是这个道理。

借势用户营销，需要利用用户所带来的三个效应：一是大众效应。同样是奶茶店，排长队的店永远最受欢迎。二是口碑效应。利用好用户的评价，达到口口相传的效果。三是同感偏差。人们通常都会相信自己的爱好与大多数人是一样的。如果能够利用好这三种效应，就能借好用户的势让自己的品牌不断壮大。

六、情绪价值营销

借情绪价值营销，就是激发用户的情绪，比如愤怒、有趣、惊讶等情绪，然后利用这些情绪来进行二次营销。

比如前一阵子比较火的土味营销，利用有特色的地方方言和刻意为之的土味表达方式，如土味情话、土味配色、土味穿搭、土味视频等，来博得消费者的好感。相比之下，那些制作精良、高端大气的视频传播内容反而受到了冷落。比如2015年春节前夕的一款土味十足的《啥是佩奇》的视频，以极低的制作成本收获了千万级的营销效果，即便放在现在也能迅速抓住消费者，从众多的宣传内容中脱颖而出。

借情绪营销，首先要懂得洞察用户情绪，没有准确地洞察和精准地判断用户情绪一切都是徒劳。其次要学会融合用户情绪，将用户的个人情绪与品牌相融合。最后也是最关键的是需要把握先机。像《啥是佩奇》这样的视频内容固然成功，但是如果单纯地模仿就没有任何效果，需要商家有足够的策划能力，在第一时间推出自己的内容才可以。

第六节
品牌内容二——围绕"悦己"主旨，创新消费品牌

随着我国社会价值观的不断多元化，女性消费意识崛起，消费者的需求和购物动机都在悄然发生着变化，而其中最明显的就是从"悦人"消费进化到"悦己"消费。这种消费升级会给许多赛道带来革新的机会，产品和品牌需要从"悦己消费"的视角出发，改变品牌策略，创造出新的品牌神话。

存在创新潜质的行业品牌有很多，其中以茶叶、酒类、服装、珠宝和一人用、一人食行业最具代表性。首先来看茶叶品牌。目前国内茶叶品牌清一色的都是在追求"传统茶文化"，卖精品、卖稀缺、卖情怀是茶叶品牌的惯用手段。市场上的产品也都是千篇一律的铁观音、普洱、龙井等传统茗茶。对外传递的信息也不外乎是茶的历史、茶的文化、茶艺品鉴等，市场处于高度同质化竞争当中，价格越来越透明，竞争也越来越激烈。

悦己消费：新消费业态，悦己经济崛起

其实，茶类品牌完全可以摆脱传统的茶叶文化和根深蒂固的送礼文化的束缚，发挥茶叶的休闲养生属性，借用国潮文化，用流行潮品、文创产品的思维而不是奢侈品、礼品的思维，做出流行的、年轻化的"新式茶叶"，满足年轻人随时随地饮茶的"悦己"需求。

例如，包装和品牌的设计可以做国潮风、二次元元素，甚至可以直接与时尚大牌做联名款的茶类产品，让年轻人玩味和发圈；或者像小罐茶那样做成精致的小包装，便于携带，室内、室外都可饮用；甚至可以像自热火锅那样，添加一次性茶具和自加热等方便且有趣的功能。

对于产品本身，也不用刻意地去追求原料的地道和稀有，可以考虑将茶叶做一次消费升级，加入年轻人比较喜欢的味道，比如与柠檬干、玫瑰花、燕麦等新鲜的元素搭配，让其成为年轻人中流行的"新式茶饮"，再或与西洋参、枸杞等保健药草组合，强化茶叶的保健作用。

例如，澳洲某时尚茶饮品牌，主打的就是茶叶的年轻化和时尚化，并一举获得了国际消费者的青睐。该品牌的产品包装和店铺形象兼容了东西方茶文化，而且提出了"用茶连接世界"的概念，不仅融汇了中国的红茶、绿茶，日本的抹茶、煎茶，英式早茶、薄荷茶，以及印度的拉茶等来自世界各国的茶叶，还将产品包装设计得非常便携、方便饮用。除此之外，该品牌还不间断地创新产品。不仅卖茶叶，还卖茶具和佐茶的点心，如英式下午茶甜品以及日式和果子以及配饼干的果酱和蜂蜜。该品牌不仅把茶叶做成小包装的袋泡茶，顾客在其店内还可以现场 DIY 属于自己专属口味与个性的茶包。

不仅是茶叶，酒类饮品在"悦己经济"下也同样有着非凡的品牌创新潜质。[①]传统的白酒除了某些特定区域外基本上是男性的消费阵地，大牌酒也多用于宴会、商务接待、亲友聚会等特定的场合，且国人饮酒很大程度上是出于传统文化中酒的社交功能，各种场合的酣畅痛饮，酒的味道和品牌所能呈现的价值是消费者的主要关注点，口感上的改变和升级并不多。

随着"悦己"文化越来越深入人心，很多女性消费者也都加入到消费白酒的阵营中，只不过女性人群饮酒更青睐"不那么烈"的、有调性、口感细腻的低度酒，一人浅酌或好友小聚。女性饮酒通常不是为了交际，而是为了解忧解压和宣泄情绪，或是单纯地品鉴一杯好喝的酒，在微醺中找寻一种潇洒的生活态度。

年轻人喜欢的酒也是当下自我生活态度的表达，文艺或炫酷的气质、个性独特的包装、好喝不辣的口感等，这些都将突破传统白酒营销的桎梏。目前，低度酒和调制酒这一赛道的潜力已经初露端倪，一些新品牌循着"悦己"思路进行创新，取得了非常不错的成绩。

作为"衣食住行"中老大一样的存在，传统的消费理念下服饰消费更看重款式、外观和风格，要西装笔挺，要收肚显瘦，要让别人觉得自己身材好、有气质，还要符合各种交际场合、大方得体，虽然也不乏一些特色的加入，但终究还是偏向保守，因为传统思维里是非常看重别人的看法和

[①] 《"悦己"消费带动新酒饮市场爆发 行业论坛探讨如何破局新赛道》，每日经济新闻，2021年3月20日。

悦己消费：新消费业态，悦己经济崛起

社交礼仪要求的。

反之，以"悦己"之名重新审视服装，则要求服装需要在不忽视外观的同时，着重面料的舒适、健康感，材质和剪裁也要更加贴身，同时品牌主张要帮助消费者亮出自己的想法，定制自己喜欢的衣服款式、版型，打破"取悦别人"的旧思维，这样才可以让服装耳目一新。近些年来中性服饰、汉服等颇受青睐，都是非常好的代表，越来越多的人也将曾经别人眼中的"奇装异服"穿上大街，这就是人们对服装创新最好的态度。

传统的珠宝消费用于仪式感的社交方面比较多，如订婚、结婚，代表的是仪式感，本质上也是一种社交需求。此外还有一些社会名流佩戴的名贵珠宝，也是为了向别人彰显身份，赢得他人的仰视。

因此，传统的珠宝一般都价格不菲，材质以珍稀为尊，款式偏经典、庄重而不会设计得太个性化。更重要的是由于人们购买这些珠宝是为了一些"高光时刻"，所以虽然客单价极高，但复购率极低，购买者和品牌很难产生黏性。

消费价值单一、客单价高等一系列原因导致珠宝行业面临了和茶叶等传统行业一样的问题，亟须寻找到营销的新的突破口。

如果以"悦己者"的视角去看待珠宝，那么珠宝本身的消费价值就是佩戴和装饰，通俗地说，就是为了让自己开心而为自己加分的小东西。[1]

以"悦己"的理念购买珠宝，那么珠宝的佩戴场景就不在消费者的考

---

[1] 《珠宝饰品发展趋势愈发明朗，"悦己"成了推动珠宝消费的主要动力》，百度号，2022年11月9日。

虑范围内了，可以是因为恋爱，可以是因为减肥成功，可能就是看到别人戴了自己也想戴，或为了搭配新衣服，还有一种可能，就是为了纯粹的高兴而买。

因此，佩戴珠宝的场景就多了，单一客户的购买量也会上升，相应地，珠宝的单价就不再昂贵，"悦己"消费者不再需要用名贵的珠宝来彰显自己在别人心目中的位置，此时珠宝的消费属性就应该更类似于轻奢或者快消品。

在"悦己消费"理念下，在珠宝的佩戴场景发生了改变的同时，其外观设计和个性化定制也应该引起重视，如珠宝材质的时尚混搭、流行元素的演绎、文艺或二次元元素的融入等。例如，某珠宝品牌就是因为率先采用了让客户自行选择半成品的珠宝进行自由混搭的营销方式而迅速出圈，从而俘获了大量年轻的消费者。

最后，"单身经济"依然是品牌创意可以发力的赛道[1]，城市年轻人的工作和社会压力突出，加班熬夜更是家常便饭，所以年轻人越来越需要一些特别的东西来陪伴自己，以缓解紧张的情绪，为单调乏味的生活增加一点乐趣。由此，带有治愈气质的一人食、一人用产品，越来越受到市场的欢迎。

传统的速食产品大部分为家庭偶尔食用而设计，多为大包装，口味也参差不齐，外观设计因为商品需求的原因普遍大都朴实无华。如果针对单身年轻人群食用，就要考虑做成小包装，口味上加入一些时尚新颖的食

---

[1] 《单身经济崛起，品牌如何赶上这个风口？》，网易订阅，2020年9月28日。

材，比如叉烧、鱼卷，加工方式上要简单快捷或者独特新颖，以带给消费者全新的体验，从而迅速打开市场，如某品牌素食拉面和自带加热的小火锅已经占领了年轻人的市场。

不仅是食材，设计新颖、精致的家居、家电产品以及彰显时尚和健康饮食追求的高科技含量的破壁机、智能早餐机、高颜值的咖啡机等深受单身年轻人尤其是城市单身女性群体的喜欢，使得这些新的品类迅速走红，并顺势引领很多新兴品牌迅速崛起。此外，像多功能家具、餐具、代餐等领域，一人用、一人食商品，也都存在很多创新品牌的机遇。

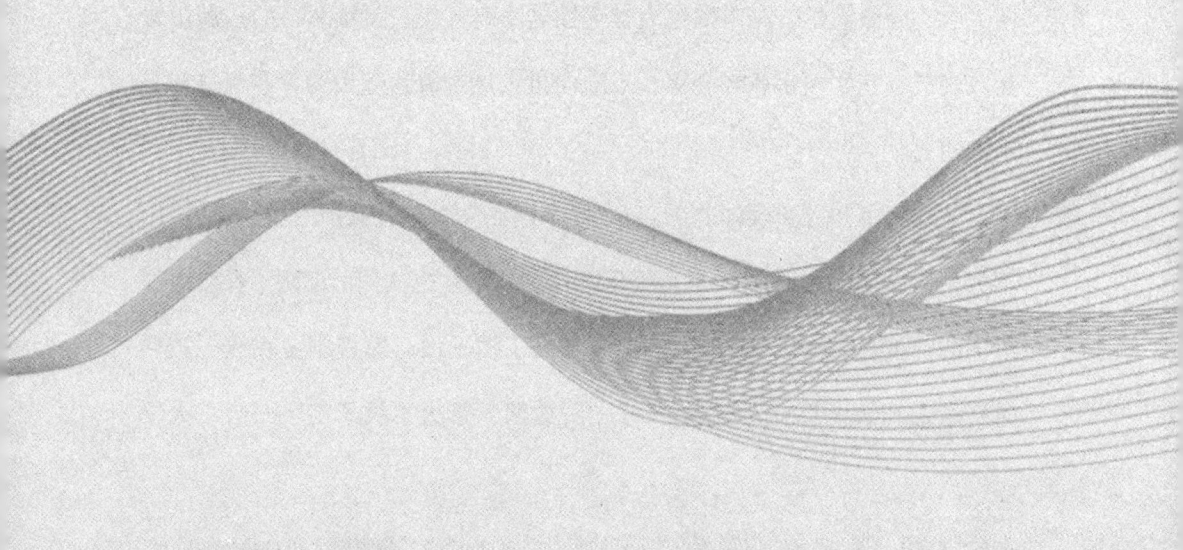

第六章
文化旅游已成"悦己消费"的重头戏

第一节　从长沙网红新业态消费看文化旅游

岳麓山作为湖南长沙的特殊旅游景区，被称为中国文化历史上具有湖湘精神气质的山。在历史上，岳麓山吸引着一代又一代的思想巨子、文人墨客会聚于此，也因此为岳麓山披上了深沉厚重的文化底色。但岳麓山走进大众的视野，却源于与长沙这座"网红之城"的共促共荣。作为长沙"网红"夜经济的一部分，岳麓山的夜色被拥挤的人群衬托出了别样的魅力。凌晨3时攀爬岳麓山看日出，已经成为长沙城最火的网红打卡项目之一。同时，岳麓山也是如今最具青春活力、最具时代代表性的山。山下中南大学、湖南大学、湖南师范大学等知名学府云集；持续举行的岳麓山青年戏剧节、互联网岳麓峰会等，不断向世人展现着岳麓山的青春气息和十足的朝气。

随着网络和社交媒体的兴起，"娱乐网红""消费网红"也在长沙层出不穷，让人印象深刻。[①]"半个娱乐圈都在长沙"也从侧面证明了长沙居高不下的热度。《花儿与少年》进一步带火了橘子洲，影视剧《底线》拍摄时靳东走到哪里都有人围观，《守护解放西》带火了坡子街……诸多火爆

---

① 《从"网红"到"超级网红"，长沙凭什么这么火？》，搜狐网，2023年5月18日。

网络的热剧为长沙的爆火提供了诸多流量支持。

每一个网红的产生都是经过精心策划的，"网红城市"亦是如此。

湖南长沙扎根湖湘文化，立足自然风光的秀丽与文化底蕴的积累，充分发掘本土题材的同时，结合市场经济消费新理念，推出更多的本地特色产品与品牌，避免了传统文旅开发中结构的同质化，坚持因地制宜地发展差异化品牌路线，设计"引爆点"，打造更多"爆款"，是长沙文旅频频出圈的一大原因，长沙旅游市场的业态也已经从单一的门票经济和观光经济，走向了"悦己经济"中最关键的体验经济和个性经济，凸显了尝试紧跟时代脉搏的特性和得天独厚的创新力。

此外，长沙作为中国唯一的世界"媒体艺术之都"，有着丰富的创新创意资源，仅仅是马栏山地区便聚集了3000多家文化创意企业，5万多名文化内容创意人才。凭借如此强大的内容创作、创新能力，长沙一举脱颖而出，成为全国新消费市场潮牌的造星工厂，茶颜悦色、文和友、墨茉点心局等相继走红。IDG资本、红杉资本、元璟资本等国内一线投资机构在长沙的聚集更是证明了"悦己经济"下新消费业态市场的火爆。值得一提的是，新消费品牌的创始人多半来自广电、中南出版等这些文创类人才聚集之地，可见是长沙对于文创行业的重视为其新业态成长打下了坚实的基础。

如今，内容创新已经成为长沙的主题，铺天盖地、不胜枚举的案例更是从侧面证明了新业态消费经济给城市带来的巨大影响力。文和友怀旧经典的餐饮景区化、天心区王府井那绚丽如舞台的商场、野肆月球那综合

> **悦己消费**：新消费业态，悦己经济崛起

体一样的酒吧，"想你的风吹到了长沙"的路牌、世界之窗62米的机械爱心、长沙IFS电子屏上实时播放的向全城投射"爱心"的画面，无一不彰显着"悦己经济"的核心理念。这一系列的内容创新、个性化营销、场景式消费、体验式消费，更是强化了"快乐长沙，个性长沙"的城市形象，使得长沙各处都洋溢着浓厚的都市娱乐休闲氛围。

2022年，湖南省委、省政府纷纷以政府身份站出来为长沙"打call"，更是提出要打造以长沙为代表的"城市文化和都市休闲"名片。这一政府行为充分展示了长沙市从上到下、从政府到市场都在不遗余力地打造长沙这张"超级城市IP"名片的决心。

为了迎合"悦己经济"的到来，长沙大力建设国际消费中心，太平街获评国家级旅游休闲街区，从五一商圈到阳光100凤凰街、到红星街区，再到梅溪湖（梅澜坊）获评国家级夜间文化和旅游消费集聚区，各种多元化、多业态的消费娱乐休闲综合体，强化了长沙的休闲"城设"。依托长沙独特的自然风光环境，将休闲天然地与夜间紧密相连，打造长沙消费需求旺盛、市场活跃、业态丰富的"夜文化"旅游环境，让很多消费者流连忘返，长沙更是借此连续三年入选"中国十大夜经济影响力城市"。

烟花作为长沙的"特产"，亦是响亮的国际级IP，展现出品牌创新和文化旅游的魅力。天空剧院首秀项目"焰遇浏阳河"，将烟花表演与传统演出相结合，场景式体验和社交媒体的双重发酵，创新了面向年轻消费群体的强引线和新链接，使其成为"手可摘星辰"的具象体验目的地。仅2023年元旦跨年焰火秀期间，长沙就吸引了3万多名外地游客参观游玩，

实现旅游收入1200余万元。此外，还率先提出了"周末游"的全新消费概念，"相约浏阳河、周末看焰火"的热点活动实现了常态化，每周六如期举行的沉浸式焰火秀更是引得多家社交媒体争相"打卡"。

长沙的爆火，一是离不开政府政策的大力支持；二是全面认识到了新消费市场下消费者的特点，并紧紧抓住了"悦己消费"的热点需求[①]；三是充分利用了互联网社交平台强有力的推广作用，"全国一半人在长沙"等文旅话题已经成为热搜榜上的常客，同时培养了一批坐拥粉丝百万的"长沙文旅推荐官"。绝佳的体验感实现了让游客与城市之间互相赋能。

第二节　让旅游资源强势抢占旅游者的大脑

随着经济的不断发展和消费理念的不断升级，再加上科技的突飞猛进，使得我国国民机动性和信息获取能力不断增强，未来中国的旅游市场向买方市场转变的特征也更加清晰。行业内众多的一线旅游资源都已经纷纷加入到激烈的竞争当中，庞大的非一线旅游资源，即作为市场中的弱势资源，必然会面临更为严峻的考验，严重的或被淘汰出局。所以弱势的旅游资源只有做到在短时间内成功占领旅游者的大脑，才能长久驻留，也才能有机会为自己带来更为广泛和稳固的潜在客群，以保证自己在旅游市场

[①] 《两会来了！"gai"说就说③｜人气"狂飙"，消费回暖见证美好生活》，湖南日报，2023年3月11日。

悦己消费：新消费业态，悦己经济崛起

中的生存机会。

首先，作为一个弱势的旅游资源，最重要的是找一个可以让自己生存下去的新坐标，即找到一个适合自己的"池塘"，让自己有机会长成"大鱼"，才是生存下来的关键。如果不能成为领域第一，那就要做到品类第一；如果不能成为品类第一，那就要做到区域第一。这种非常经典的竞争策略在传统旅游市场中已经有很多成功案例了。例如，壶口瀑布是中国第二大瀑布，但与其并列第二大的瀑布的定位则是"世界最大的黄色瀑布"，一个黄色的特征，就做到了世界第一，帮助该景区赚足了眼球，让其瞬间脱颖而出。这种玩法的王者，就是主题乐园界的冠军——迪士尼。虽然迪士尼提供的都是近乎流水线的标准化产品，但其遍布全球的六大乐园，每一个都被冠以世界级的第一或唯一可供宣扬和传播的乐园——洛杉矶迪士尼是世界上第一座迪士尼乐园，上海迪士尼则是中国内地第一座迪士尼乐园，奥兰多迪士尼是世界上最大的迪士尼乐园，中国香港的迪士尼则是世界上最小的迪士尼乐园，巴黎的迪士尼是欧洲唯一的迪士尼乐园，东京的则是世界上唯一的海洋主题迪士尼乐园，这就是迪士尼推崇的"做就做第一"的原则，也是每家迪士尼乐园都门庭若市的重要原因之一。

"有什么卖什么、是什么卖什么"的传统销售理念已经过时了，在"悦己"消费的大环境下，消费者会毫不犹豫地选择他们感兴趣的产品，在买方市场下资源导向的逻辑显然不能帮助弱势旅游资源对抗市场残酷的竞争。众多的非一线旅游资源，必须转型面向数字时代，借助先进的互联网技术打通年轻旅游者广泛的圈层需求，然后再结合自身资源特点，精

准定位种子客群，做到"要什么卖什么"，以消费者需求导向为逻辑重塑资源、引发共鸣。如此才能过关斩将，成为一类游客心目中的"第一"或"唯一"。

比如，坦桑尼亚的乞力马扎罗山，如果按照高度排序，早已排在数千名之外了，但由于其的定位是非洲最高峰，因此吸引了少量极限登山者去完成登顶挑战，不过只有这类游客很难支撑其区域旅游产业的发展。于是，2001年开始，坦桑尼亚驻外大使馆针对欧美户外圈，将乞力马扎罗山称为"人类可步行到达的最高峰"（the Highest Walkable Summit in the World）[1]，一时间便吸引了国际上大量登山爱好者以及徒步游客"打卡"，让该区域成功转型为经典的小众旅游胜地，现在每年去登山的游客已经超过2.5万人[2]。在营销学上，这叫"扩大利基"。

前文提到过，年轻消费者尤其是Z世代的新生力量非常热衷于将有共同爱好的人聚集在一起，形成独特的圈层文化。年青一代旅游者的圈层动力十分强大。即使以情感价值为核心，通过极致化的资源重组，依然能产生神话般的"点石成金"效果。[3]例如，在日本北海道有一个1987年就废弃的车站——幸福站，距离最近的大城市札幌车程3小时，交通非常不便，但是却凭借女歌手芹洋子的《从爱的国度走向幸福》的歌曲，让车站华丽变身为备受年轻情侣推崇的日本"第一恋人胜地"（恋人の聖地

---

[1] 《坦桑尼亚联合共和国驻罗马大使馆》意大利，乞力马扎罗山。
[2] 吴鲁、赵珺：《乞力马扎罗的挑夫》，《南方人物周刊》2018年第564期。
[3] 《旅游必备课：新生代特征解析》，搜狐网，2019年1月23日。

悦己消费：新消费业态，悦己经济崛起

No.1)[1]，2017年即吸引国内外游客约24万人[2]，超过附近小城带广市约17万的人口总和。

"悦己经济"最大的一个特点就是要充分利用自身优势，突出个性，如果核心旅游资源欠缺，那么就要考虑借势其他资源完成个性化旅游资源的打造，如定制化地打造出年轻旅游者心中的"第一"或"唯一"。目前最有效的一种旅游资源拓展方式就是与科技资源相结合。

随着科学技术对经济社会推动的决定性作用的不断显现，国民意识和兴趣也将逐步"科技化"。根据《2018中国公民科学素质调查主要结果》，2018年，我国公民具备科学素质的比例比2017年增加了2.27%，较2015年提高了36.6%，增长速度较快；而在各类新闻话题中，我国公民对前沿科技类新闻话题的感兴趣程度也较高，其中对科学新发现、新发明和新技术、医学新进展感兴趣的比例分别达到了77.3%、76.4%和72.6%。[3] 这意味着，我国的"科技公民"群体将迅速崛起。报告同时指出，2018年，18岁至29岁公民具备科学素质的比例达到16.91%，比2015年增幅超过5个百分点。由此可见，年青一代旅游者特点与科技公民群体的特点高度重合，因此，休闲娱乐与科学技术相融合的新业态——科技旅游，必将成为旅游市场的新宠儿。[4]

---

[1] 《恋人の聖地No.1》，http://obikan.jp/page-6551/page-6430。
[2] 北海道十胜综合振兴局产业振兴部商工劳动观光科：《平成29年年度游客人数》。
[3] 全民科学素质纲要实施工作办公室中国科普研究所：《2018中国公民科学素质调查主要结果》，2018年。
[4] 《智慧旅游已成为旅游市场上的新宠儿 智慧旅游发展现状和趋势》，中研网，2022年5月20日。

创新型国家的整体战略方针和全球范围内展开的科技博弈趋势，将使越来越多的科研中心、科技小镇遍布中国的大城小镇，甚至是戈壁沙漠，为实行科技旅游策略带来极大的机会。[①]如分散布局在人迹罕至区域内的大科学装置将给偏远山区甚至是戈壁沙漠这样的旅游荒漠带来进入旅游市场竞争的"门票"。"中国天眼"FAST就坐落在贵州省平塘县，那是距离贵阳市至少两个半小时车程的偏僻山区小县城，而就是因为"天眼"的落成使得这个小镇在2018年就已经接待了国内外各类访客超80万人次。2019年，据当地旅游部门数据统计，仅夏季假期，每天就有多达30多个科研学术团队到访，学生访客达上千人。[②]独一无二的世界级天文旅游区就此形成。不仅如此，随着前沿技术的发展，越来越多拥有体验感的科技设备问世，以此构成的全新业态并获得成功的案例也不在少数。如位于北京市海淀区的全球首个AI（人工智能）科技主题公园，曾在开园不到两周的时间内就服务游客达10万人次，其凭借超强的体验感成为海淀区新晋网红打卡地。

伴随着知识经济的崛起，使包括制造业在内的科技产业越来越集中。利用优势科技产业资源，开发各类研学旅游也成为一种新的业态。2020年1月8日，北京市海淀区第十六届人民代表大会第六次会议新闻发布会宣布，2020年，海淀区将打造"青春中关村旅游"品牌，小米、华为等高科技企业和中国科学院相关院所将可以预约参观，并邀请企业家、院士讲

---

① 《全球科技新博弈：科技创新呈现六大趋势》，搜狐网，2022年5月31日。
② 李惊亚：《天文小镇迎来旅游热潮》，新华网，2019年7月25日。

悦己消费：新消费业态，悦己经济崛起

解。至此，国家顶级创新区中关村凭借强大的科技资源结合旅游行业，或将成为"科技产业＋旅游产业"新业态下的领航者。①

如果一个非一线旅游地的所有资源未能建立起较大优势，那么只能以快取胜，迅速抢占一个独有的、不可复制的IP资源，才能成为区域的"第一"或"唯一"。但对于传统意义下的知识产权（IP）的争夺，已经变得非常艰难。一方面，有价值的IP早已被占领；另一方面，这种争夺已残酷到令人难以接受的地步。比如，在欧洲就发生过争夺"圣诞老人故乡"的事件，候选城市芬兰的罗瓦涅米，芬兰国家旅游局与所在省政府很久之前就共同为其制订了"圣诞老人故乡计划"，而且该城市也打造了圣诞老人村的特色旅游景点。可是就算这样，该城市又经过了十年的努力才于1995年获得联合国颁布的圣诞老人故乡的"半官方认可"（时任联合国秘书长加利写给圣诞老人的一封信），借此才从北欧五国多个城市的残酷竞争中脱颖而出。

抢夺"成熟果实"是如此的艰难，但是社交网络中活跃的大小圈层就给了普通旅游地更多的机会。圈层中的"独有果实"，将成为未来更具价值的抢占目标。所以面向年轻消费者中的圈层，导入符合圈层需求的外部资源，就成为这种策略的核心。

有的"成熟果实"从外摘来即可。面向同样需求的圈层，且在国际上经过验证的资源，就是成熟果实。例如，伴随着圈层文化崛起的装嫩族（Kidult，源自1985年的英国，并流传至今，意即"长不大的

---

① 于丽爽：《打造"青春中关村旅游"品牌》，《北京日报》2020年1月9日。

人")群体,尤其喜好可爱的风格,致使国际中小型卡通主题乐园极具竞争力。也正是因为如此,基于旅游策略,浙江省安吉县率先在国内引进了备受"少女心"圈层游客喜爱的杭州 Hello Kitty 乐园,正是这个"第一"和当时的"唯一",为这个地处浙北山区的小县城吸引了旅客近百万人次。

有的"成熟果实"可以借来,有的则需要培育,而且需要抢先培育。毕竟,谁第一个吃到螃蟹,谁就能在圈层中拥有先发优势,成为该圈层消费者未来旅游的中心。海南省万宁市,在海南省强势的旅游资源中只能位居非一线旅游资源之列,其沙滩质量不如亚龙湾好,浪大且不适合游泳、潜水。面对资源劣势,万宁市并没有放弃,而是选择了差异化竞争。其利用浪大这一"劣势",稳稳地抓住"冲浪"这个小众旅游圈层,成为国内最早成功推广冲浪运动的城市,并且凭借率先占领冲浪旅游圈的优势,逐渐形成了独特的强大号召力,甚至影响了世界冲浪圈。

早在 2010 年国内冲浪运动还未发展时,万宁市就举办了首届国际冲浪节,并通过外国游客的口碑,跻身国际冲浪圈视野。次年,为了加大自身优势,并进一步推动冲浪产业发展,万宁市创建了"中国最大、世界第二大的冲浪俱乐部"——日月湾冲浪俱乐部。同年,万宁市政府更是努力将世界职业冲浪协会(ASP)和国际冲浪协会(ISA)这两大世界冲浪权威组织的精品赛事引入,让万宁市一举成为闻名世界的冲浪胜地。2018 年,冲浪项目为万宁市带来了约 3 万名国内外游客,目前这一数字仍在快速增长中。随着冲浪项目进入奥运会,组建不久的国家冲浪队也在万宁市扎根。于是，一个"冲浪+旅游"的新型业态就此圆满，一个世界级冲浪旅游目的地已然兴起。[①]

第三节 旅游营销需要重新定义传播的方式

随着社会经济的发展和消费理念的升级，外加后疫情时代的刺激，旅游也变成了国民大众最喜爱的休闲方式之一，而旅游景区也依然是观光旅游的基本需求。但是伴随着"悦己经济"的流行，越来越多的自驾游、自由行也成为新时代消费者首选的旅游方式，因此景区作为基本需求的提供者就无法满足广大游客在景区目的地及周边的多元化、体验式、生活化等的消费新需求。同时，景区景点规模日益扩大，市场竞争随之加剧，单靠传统的营销和传播方式也已无法满足新消费市场下的需求。在这两方面因素的影响下，定义全新的营销和传播方式是各大景区顺利"出圈"的必备技能。

首先，要学会善用"事件营销"。景区事件营销是指景区要有计划地策划、组织、举办相关特色活动，或者将有新闻价值的外部事件和景区内部策划型事件进行连接，再利用新闻、媒体、公关等手段做社群正面宣传，以吸引事实和潜在消费者的关注和兴趣，达到扩大景区影响、促进产

[①] 袁宇、吴小静：《万宁冲浪产业如何踏上浪尖》，《海南日报》2018年12月22日。

品销售、增加景区客流和提升景区美誉度的目的。

旅游景区营销的目的是对旅游消费者和潜在的消费者进行有效的信息传递，引导并促成消费行为的落地，满足旅游者的消费需求，提高景区知名度和展示景区综合能力。[①] 集品牌宣传与落地营销功能于一身的"事件营销"手段已经成为旅游景区营销最常用、最有效的方式之一。旅游景区事件营销的关键就在于链接社会生活中各种有趣的、正能量的事件作为载体进行营销，并借相关事件结合旅游景区的特点策划相关旅游项目、活动吸引消费者的眼球。例如，张家界"飞越天门山"事件的一系列营销活动，让张家界景区迅速成为全国甚至全世界的焦点，而与"飞"相关的项目在张家界更是一发不可收，"漂移天门山""速降天门山"等活动纷至沓来，一时间让人应接不暇。由此可见，在互联网大数据时代，若能善用事件营销，景区"一夜爆火"的奇迹将比比皆是。

近年来，景区"泛娱乐"营销的趋势一经出现便成为炙手可热的营销新手段，令众多景区争相效仿。比如，网络综艺、网络真人秀娱乐节目的热播也同样带火了那些原本默默无闻的"小地方"。仅在2015年，就有超过200档各种类型的综艺娱乐节目在全国的各大卫视频道相继播出，效果惊人。如《爸爸去哪儿》带火了地处大西北的沙坡头，《奇妙的朋友》让大观众和小朋友都记住了长隆。不过，这些景区与栏目的大部分合作都是浅层次的，合作的形式也都相对单一，比如，只是简单地作为栏目的拍摄取景地、部分场景和一些软性植入等。那么如何能够在后期传播中借助栏

---

① 《景区营销实操宝典，你想要的，这里都有！》，搜狐网，2018年12月22日。

| 悦己消费：新消费业态，悦己经济崛起

目的爆火之势将栏目 IP 对景区的影响放大，才是人们最关心也是最考验技术的难点。在这方面，长隆景区在跨界营销方面，称得上是教科书级别的操作，对各大景区的"泛娱乐"营销有着非常重要的借鉴价值。

作为"泛娱乐营销"的成功代表，长隆景区深入参与过《爸爸去哪儿》《奇妙的朋友》和《奔跑吧，兄弟》等 5 档国内综艺节目的拍摄。值得关注的是，长隆景区不仅是在拍摄上积极配合栏目组，在后期节目的营销上也表现出了充分的积极性，将众多明星和栏目包装成为自己的内容，并且以景区的名义向外界传递明星都来玩、剧组都在长隆拍摄的信息，将营销过程进一步加温，从而强化了自身品牌形象。不仅如此，长隆还善于利用高科技手段宣传，利用新奇好玩的 H5 页面，以虚拟明星的朋友圈作为场景，通过展示明星在长隆录综艺节目时个人的所见所感，让游玩的体验在虚拟的明星朋友圈中扩散传播，凭借强大的明星效应和流量效应，在短短一周时间内，便实现了 H5 页面的分享转载量高达 15 万次，传播效果十分明显。

随着移动互联网的蓬勃发展，网红直播经济也逐渐取代了很多传统媒体成为最受国民喜爱的休闲娱乐方式，而且热度之高、黏性之强是其他行业所无法企及的。在全民直播热潮之下，"旅游+直播"成为旅游行业的营销新思路，当旅游撞上了直播，撞上了网红经济，就形成了旅游营销的全新传播方式。

现下，旅游景区借助网红流量进行直播宣传已经成为很多景区驾轻就熟的操作。例如，位于西安的华清宫景区，将网红经济与重要时间节点和景区特色相结合，在七夕当天召集了77对情侣，举办了一场规模宏大的大唐传统婚典仪式体验活动。仪式全程邀请美女网红在两大直播平台同时直播，又通过新浪微博、小红书等热门社交网站进行话题讨论、点赞和分享等流量操作，一时引发线上数百万人观看和评论转发。再比如，梅州客天下景区，在"十一"黄金周期间举办了为期两天的"直播客天下，声动梅州城"活动，活动以小型音乐会的形式示人，同时邀请了明星通过五大一线平台同步直播，吸引了大批音乐粉丝观看。活动期间，直播累计曝光量突破千万。

从《泰囧》带火了泰国旅游开始，影视IP植入也变成了景区"镀金"的主要方式。近年来，旅游产业和影视IP的组合异军突起，特别是在影视作品中，越来越多的景区和旅游产品伴随着电影、电视剧的热播而深入人心。比如《非诚勿扰》中的北海道、长城、三亚，《阿凡达》中的张家界景区，《等风来》带火了沙溪古镇，《心花怒放》带火了大理古城，《囧妈》甚至带火了即将被时代淘汰的K31绿皮火车。观众跟随剧情走进景区，在不知不觉中就被景区完成了一次"体验式营销"。影片结束后，跳出剧情的观众，更是希望可以亲自踏上电影主人公走过的小路，这就是"悦己消费"中非常典型的"场景式体验消费"。而景区也通过冠名电视剧、精彩剧情广告植入、电影场景取景等特殊形式，靠着电影票房的大卖快速提升了其影响力。由此不难看出，影视IP植入对于旅游业的发展具有很明显的推动作用。

据携程旅行网调查，83%的消费者会因一部影视作品而去其拍摄地旅游；91%的游客认为，相比传统的旅游城市宣传片，一部电影更容易唤起消费者的购买欲。

大众旅游时代的到来，消费者消费需求的多元化，令消费变得越来越自我和个性化，这也就意味着旅游目的地的营销早已不是景点或景区自己的事情了，而更多的是将全村、全镇、全县，乃至全省有效地组织起来做统一的旅游营销方案。一体化营销的核心理念是游客资源的关系管理，强调以"消费者的需求"为中心，需要旅游目的地各部门、各人员在与顾客接洽时有统一理念、统一品牌、统一顾客兴趣点和统一创意阐述，形成同频且集中的品牌冲击力，以及时通过各种渠道进行系统的游客信息反馈，进而达到整体动态性调整的营销目的。未来景区的营销单靠自身的力量发力会显得相对薄弱，除非资源本身具有足够的体量或者不可复制性的特点，这从目前线上交易平台的"酒店+""景区+"产品上线后带来业绩提升就可以很容易得出结论。此外，成功的景区营销还需要利用好跨界营销和资源整合这两大法宝。

总之，在移动互联网时代和"悦己经济"的大环境下，景区营销的重点是打破传统的传播方式，对内要策划特色活动，对外要链接热点事件，拥抱"泛娱乐"和高价值影视IP，着重提炼以场景式体验为核心的营销思路并有效地利用好新媒体、社交媒体等资源，来实现旅游景区的成功营销。

第四节
文旅产业"捕捉"客户的新方式——匹配价值

在"悦己消费"中，人类最高层级的需求就是自我实现，所以能够给客户创造快乐并持续创造快乐的方式就是满足客户"自我价值"实现的需求。[①] 在这种思维模式之下，让"旅游地"与"愿望"能够相互匹配，让产品与客户价值相匹配，从而实现有效"捕捉"客户的目的，比传统的吸引客户的方式，能够为旅游目的地带来更大的价值提升。

首先，这种方式能够有效地增加客户黏性，解决旅游目的地营销传播问题。传统的营销大都是单次营销，很难起到长期作用或实现长期多次复购。客户的认知成本和传播成本相对较高，而"愿望维度"下的价值匹配策略，从"为游客推荐产品"升华到了"与游客建立情感共鸣"，旅游目的地与客户建立的是一种基于价值实现的长期品牌认知和情绪链接，从而更容易形成消费黏性，吸引客户长期多次复购，大大降低营销的边际成本，真正让旅游品牌打开客户心扉。

其次，这种方式更有利于筛选品质客户，提升消费质量。通过价值匹配"捕捉"到的客户往往是更精准的客户。旅游地低价竞争的时代结束

---

① 马斯洛需求层次理论。

后，资质平平的非一线旅游资源想要跻身知名旅游地就变得越来越困难。通过低价策略来吸引客户，只会拉低客户的平均消费水平，影响利润率。此外，降低利润率的同时，低价值的客户数量却不会减少，也势必会给生态环境带来巨大压力，从而阻碍景区的持久发展，久而久之就会陷入恶性循环。若要避免这种低端发展情况的出现，就应该将关注点放在提高消费质量上，而不是数量。在"兴趣引导出游，圈层社交无限覆盖"的今天，正是由于客户多元化需求，让一些小众景区可以成为某一圈层或一部分人群眼中的"心头好"。因此这种不打数量打品质的营销方式，是有可能实现的。

若要做到这一点，就需要吸引有品质的客户、成熟的客户、富有抱负的客户和有更多价值主张的客户。当可以为客户实现美好的人生愿望时，追求高品质出游的资深客户会比普通游客更加激动，这也在无形中甄选了客户的质量，提升了消费的质量。

最后，"价值匹配"的方式为旅游行业营销实现了"超越边界"的可能性，也更有助于挖掘增量价值。在激烈的竞争格局下，非一线旅游目的地处于客户抢夺的劣势方，但"愿望"是开放的，超越边界的，因此新营销维度的价值不仅打破了传统的流量边界，更打破了资源重塑的边界。它的意义不仅仅在于给客户的多元化的需求带来可能，更在于给予小众旅游目的地更多的客户选择和打破资源束缚的可能性。

"美食之旅""收藏品之旅""文化之旅"在传统维度下捉襟见肘的新玩法，在新维度下获得了空前的发展空间，这让资源匮乏且普通的地方，也可能通过小众价值愿望的客户垂直细分，逆袭成为某个圈层旅游的新贵。而且"价值愿望"虽然看似抽象，但是每个细分的愿望对应的主题和项目却都十分具象且精准，与传统模式相比，这种新的方式更有利于实现旅游目的地的精准转型。

第五节 "悦己消费"时代文旅爱好者的文旅新诉求

"悦己经济"时代下，消费升级给文旅产业带来了诸多挑战，消费者的诉求开始变得多样化，因此文旅行业只有充分了解消费者的需求，精准满足消费者的需求，才能获得消费者的青睐，从而做到在竞争激烈的文旅市场中"百战不殆"。

伴随着加入"悦己消费"的人群越来越多，场景化的体验式消费需求也愈演愈烈。在场景化体验式消费模式下，消费者更容易被带入场景，促使消费行为的产生。因而，很多商场商业综合体、文旅产业中心、博物馆展览厅、餐厅、书店等都开始通过借助IP打造话题，营造主题场景，吸引消费者消费。

主题场景的打造不仅有线下实体消费场景的搭建陈设，随着3D、VR等技术的应用，很多商家也纷纷开始打造线上虚拟场景供消费者"云体验"。此外场景还有很多不同类型的划分，比如，根据场景功能可划分为

悦己消费：新消费业态，悦己经济崛起

入口场景、内容场景和支付场景；根据场景覆盖面可分为大场景、小场景；根据场景结构层次可分为主场景和分场景；根据营销环节可分为实体店场景、社交媒体场景、社群场景、分销商场景、自媒体推广场景；根据时间可分为正常场景、季节场景、节庆场景、特殊场景等。在消费者结构多元化的新消费时代，细分化的场景非常有助于商家针对不同圈层、不同需求的消费者进行精准营销。

"科技是第一生产力"，这句话放到文旅行业同样适用。"悦己消费"其中一个很重要的消费特征，就是消费者对新技术和智能化的产品表现出极大热情。基于这一特点，旅游发展的智慧化与数字化改革也提上了文旅行业的日程。其核心理念是借助高科技来提高文旅产业的管理效率，以科技为基础打造全新的科技旅游资源，以科技结合文旅特色开发科技型文创衍生品等，做到借助科技的力量打造全新的"科技＋旅游"业态[①]。

以信息技术为代表的高科技升级，结合虚拟现实、3D打印、新材料等技术的发展和落地应用，正在对文旅产业的改革和发展起到横向和纵向的推动作用。"元宇宙"概念的提出，更是为场景体验打开了大门。全新的场景化体验模式，势必将VR、AR、人工智能等技术的应用推上一个新的台阶。

数字技术、信息技术、VR、AR、5D技术等争相在文旅产业领域发光发热。文创园、电子展馆、科技主题公园、沉浸式体验中心、高科技体验

---

① 《"科技＋旅途"的深度融合（假日云）》，人民网，2023年5月2日。

馆等全新的文旅业态层出不穷，并且越来越得到消费者的认可。

经过了疫情的洗礼，进入"后疫情"时代的人们表现出了对自然和户外的前所未有的渴望。人们出门走走的热情不断高涨，周末游、短途旅游、微度假成了消费频率最高的休闲娱乐方式，"周末经济"①的概念也随之诞生。露营、滑雪、飞盘、骑行等娱乐活动凭借户外和社交属性先后出圈，承载了消费者极大的热情和希望。

受时间的限制，近郊的山山水水也就自然而然成为"周末经济"的首选目的地，成了消费者心中的休闲港湾。一个民风淳朴的小山村、一个名不见经传的小鱼塘、一栋特色明显的古宅，都会吸引消费者乐此不疲的前往。

伴随乡村振兴建设的不断推进，被精心打造和装饰过的乡村生活、山村景色在各大社交平台的精心剪辑下，收获了不小的关注度，唤起了不少圈层人士对乡村生活的渴望，乡村生活题材的大网红也纷纷应运而生。全新定义的"乡土"风情已经在逐渐取代曾经的"土味"农家院的形象，以独特的美吸引着越来越多年轻消费者的目光，也使得郊区游、乡村游的消费者逐渐向年轻化转变。

目前，乡村文旅产业虽然还存在着各种各样的问题，比如，管理模式落后及监管不到位，服务质量、服务标准参差不齐，②"一窝蜂"式的同

---

① 《"周末经济"需要"双向奔赴"》，2023年3月21日。
② 《乡村旅游发展存在的问题有哪些？四个对策有效解决》，搜狐网，2021年12月23日。

悦己消费：新消费业态，悦己经济崛起

质化经营以及食品安全问题等，但这些都丝毫不影响都市消费者对乡村的向往。相信随着乡村文旅产业的不断发展，相关行业规范、行业标准的制定、信息技术的加入，以及先进管理模式的引进，都将有助于乡村文旅产业跻身一线旅游资源。

个性化、体验式的消费一直是"悦己消费"的重要特点，因此，密室、剧本杀、狼人杀等沉浸式体验强势来袭，使得这种全新的业态如雨后春笋般一夜间就遍布了城市的各个角落。不仅如此，这种个性化、强体验式的娱乐活动也逐渐被其他业态和商业体"相中"，纷纷开始与其融合，旨在通过该业态特有的个性化和沉浸式体验引流更多的年轻消费者。企查查数据显示，我国目前有各类密室和桌游相关企业超过1万余家，仅2021年第三季度一个季度的注册量就高达1454家，同比增长了24.9%，近两年的平均增长率更是高达85.6%。

可见，这类参与性、互动性和娱乐性活动已经成为最受年轻消费者欢迎的社交娱乐工具。此外，为了满足消费者的需求，如景区、博物馆、商业中心等业态，也在纷纷效仿，在个性化和沉浸化的改革上做足了功课。

当下，年轻消费者占我国消费群体的比重不仅越来越大，而且他们的爱国情怀和对中国传统文化的热爱也是空前的，从春节《唐宫夜宴》到端午节《祈》的爆红网络，就是最好的证明。而凭借这两个节目出圈的不仅是河南卫视，更是其挑起的国风潮。国潮的火热是广大国民骨子里民族荣誉感的体现和对中华民族传统文化的高度认同。民族的才是世界的，国潮

文化将继续席卷文创行业的每一个领域。

越来越多的人穿着汉服走上街头，越来越多的小众国潮品牌活跃于市场，更有越来越多的中国传统文化IP被相继开发并呈现爆发或增长的趋势。例如，西安博物馆的考古盲盒，沈阳故宫的文创雪糕，故宫系列IP衍生品等，历史的沉淀被科技和流行元素"插上了飞行的翅膀"，迅速成为文创市场的新宠儿。

根据马斯洛需求层次理论，人类的需求会随着不断的满足而由低层次向高层次转变，并且最高层次的需求即自我实现的需求有阈值的限制，因此人类会通过不断挑战更高难度的项目，不断地完成自我实现的需求来获得愉悦感。

也因此，各种能够给消费者带来挑战的娱乐项目如漂流、玻璃栈道、网红秋千、烧脑密室等越来越受欢迎。不仅如此，曾经作为小众运动的极限运动也开始进入大众消费者的视野，冲浪、室内攀爬、花样轮滑等极限运动纷纷从户外转到室内，凭借它们刺激、个性、炫酷等的特点深受年轻消费者的喜爱，在体现出行业消费水平提高了的同时，也反映出消费者越发追求实现自我的渴望。

第六节 未来成功旅游地的三大刺激点

随着互联网技术的发展以及移动互联网端使用习惯的形成，信息爆炸时代来临，漫天纷飞的信息，让人们的碎片时间被占用，使得各年龄段人群的注意力时长都在慢慢下降。对于旅游行业来说，在未来若要争取游客瞬息万变的关注度，"强刺激"才是关键。强刺激的方式一定会遵循"人"的逻辑。在"悦己经济"下，年轻人才是未来旅游行业的主力军，年轻消费者，尤其是Z世代人群，才是旅游市场最大的潜力客户。因为他们是最有自我决策权的一代人，而且他们非常愿意为自己的兴趣买单。因此，能否抓住Z世代群体的需求是未来各旅游景区能否成功立足于旅游市场的关键。

Z世代伴随着互联网信息时代而出生，出生后就面临着各种信息资讯的溢出，他们的眼里虽然装满了"星辰大海"，但他们却有自己的选择标准。他们的消费逻辑是"我见即所得"，他们的消费具有很强的冲动性，所以长时间预热会大大削减他们的冲动。因此，如果旅游景区还是像原来的营销方式一样，慢慢预热、积累人气，年轻消费者是很难有耐心等待的，就像目前的APP都在尽可能地削减操作流程，因为稍微烦琐的流程都

第六章 文化旅游已成"悦己消费"的重头戏

会被年轻消费者果断放弃。对于Z世代群体而言,预热就像没有诚意的许诺,所以他们宁愿放弃也不愿意等待,只有开始即高潮,才符合他们的消费胃口。

"开始即高潮"是未来刺激年轻消费者的有效手段,但实行起来却不那么容易。尤其是景区打造初期,往往缺乏的就是名气,名气小人气就弱,景区也就显得冷清,而越冷清就越没人前往,越没人前往就越冷清,如此就进入了恶性循环。因此,对于景区的打造,要特别注意景区初期人气的培养,只有人气旺了,热闹了。才能吸引客户。

就像环球影城和迪士尼乐园一样,无论是周几,也无论是否有游客或有多少游客,它们都会在固定时间进行花车巡游,就算没有游客,花车巡游的队伍也会让公园变得热闹起来。

因此,未来成功的旅游地必须从一开始就要学会制造"强热闹"的氛围刺激消费者,并尽可能地压缩消费者感知上的预热时间。

在"悦己经济"下,旅游行业第二大刺激点就是通过高场景密度的集中体验,让"Z世代"群体的自我实现的精神需求在短时间内得到最大的满足。"Z世代"是伴随着互联网长大的,也是在打游戏中长大的一代,他们习惯了游戏设计的逻辑,也就是从游戏中通过持续不断的强刺激来得到快乐。研究表明,玩家在玩游戏时,通过游戏机制,通过不断地打怪、闯关以获得武器装备、通关荣誉等,而当神经系统接收到获得奖励的信号时,就会兴奋、充满激情,从而不知疲惫地继续玩下去。所以在玩游戏中长大的一代人,不像看小人书、看动画片长大的那群人那么文静。同样,他们在旅游过程中，一波接一波的强刺激也可以使他们产生快感。

因此，旅游地只有具备高场景密度的特点，才能实现体验感的持续引爆，亦才能满足新一代消费者的需求。

基于新一代消费者"不断被刺激"的需求，高场景密度的强刺激将不会只局限于主题秀场，而是向景点、景区甚至全域旅游等更大的范围发展，并且高场景密度一定要跳出以前旅游目的地的开发误区，即过度开发旅游多样化、景区景点多样性，而忽略了项目之间的连接和重点项目的突出开发。旅游地内容的多元化固然能提高景点吸引力，但盲目扩张新项目，却不注重核心磁极项目的塑造，最后只能是平平无奇、毫无特色，从而失去其在产业内的竞争力。要知道，高场景密度不是要求旅游目的地一味地做大、做全，而是要强调多场景之间的关联性，将每个场景所提供的刺激点一个接一个地串联起来，然后精准地挂在一个锚点上加压，只有这样才能真正刺激新一代的消费者。

伴随互联网的发展而长大的Z世代群体，深爱游戏世界、科幻电影、魔幻小说等虚拟世界中构筑的庞大世界观的影响。而事实上，他们中的很多人也深深陷入虚幻世界无法自拔。正因为如此，Z世代群体十分渴望在现实世界中完成他们最疯狂的幻想，在现实中凭借先进的科技去享受虚拟世界的快感。因而，虚拟反哺现实已经成为刺激Z世代消费者最有效的点。

目前，借助庞大世界观的IP，利用科技手段创造沉浸式体验是完成虚拟世界走向现实世界的惯用手段。但是大部分的旅游项目的沉浸式体验都局限在情景再现的层面，游客看似走入了一个虚拟的世界，但是却只能被动地接受场景，并不能像"沙盒"游戏那样拥有无限的自由度，可是，年轻消费者需要的是自由度更高、更刺激的体验方式。

所以未来能否让用户生成内容是启动新的沉浸式旅游发展的关键。"用户生成内容"是源于互联网的概念，也正在深刻地影响游戏、戏剧等领域。比如，"沙盒游戏"游戏中，玩家可以操作游戏中的任何物品，使其变成玩家想要的样子，并且可以按照玩家的想法进行游戏剧情的开展，这就是用户生成内容的代表。其游戏的核心改变在于从原来的研发者主导，变为玩家主导。所以在未来的旅游中，以深度体验作为导向的沉浸式旅游，应该是让游客变为游戏中的玩家，让消费者变成主导者，以高度自由的游玩体验，满足年轻消费者的需求。

在未来，旅游行业只有提供足够刺激的项目，才能抓住年轻消费者，而只有抓住了年轻消费者，才能在"悦己经济"的竞争中脱颖而出。

第七章
网红经济引领"悦己消费"新潮流

移动互联网的蓬勃发展催生了大量新业态、新职业。网络直播、网络电商等数字经济新模式促进了灵活就业人数的快速增加,使得更具有亲民性、娱乐性和黏性的网红经济应运而生。

在满足个性化和多元化需求方面,传统的营销模式已经开始走向颓势;而以移动互联网技术为支撑的网红经济在这一方面却更加得心应手,已经成为改革与升级传统经济的重要力量和催化剂。依托互联网技术和社交平台,网红经济实现了资源的垂直沟通并满足了客户的多元化、个性化需求,是向创新型和服务型营销发展的重要里程碑。网红经济的发展,颠覆了传统销售模式和价值理念,对消费市场的升级和改革起到了关键性的作用。

| 悦己消费：新消费业态，悦己经济崛起

第一节　网红经济的发展及其产业链和生态圈

网红经济是指依托互联网，特别是移动互联网传播及其社交平台推广，通过大量聚集社会关注度，形成庞大的粉丝和定向营销市场，并围绕网红IP而衍生出的各种消费市场，最终形成完整的网红产业链条的一种新经济模式。

随着互联网浪潮的蓬勃发展，尤其是移动互联网客户端的全面普及，开放和自由的网络平台以及成熟的网络购物和网络支付流程为网红的变现提供了有力的支撑。网红经济是一种新的经济形态，最主要的一点是让企业之间的竞争，从原来单纯的线下市场资源的争夺转移到如今的对线上流量资源的抢夺。网红经济大大减少和拓宽了销售过程中的流程和渠道，也降低中间环节经销商的成本，这也是对传统经济的最大冲击。

网红经济通过成为或者绑定某个领域或圈层的意见领袖，向粉丝提供商品，与其说销售的是产品，不如说是在传递一种生活方式和生活理念态度。

一方面，网红经济在很多领域和很大程度上都改变了人们传统的日常生活、工作和社交方式。而且在以后很长的一段时间内，随着网红经济的发展影响社群营销的方式也会越来越多样化。移动互联网技术的不断更新，社交媒体的发展速度也会越来越快。另一方面，随着网红经济涉及的媒体平台越来越多，这些平台的发展会带动网红经济的变革，二者互相影响、互相赋能的趋势将越来越明显。

而且，随着经济的快速发展和网络技术的不断变革，网红经济已经被人们所推崇，也成了新消费经济中重要的一部分，在经济发展中发挥着越来越大的作用。

网红经济也催生出了一种新的消费业态——网红电商。网红电商是指具备网络影响力的内容生产者通过电商平台为用户（粉丝）推荐或售卖产品，即利用互联网将自身流量变现的一种商业模式。目前，我国网红电商已经形成了包括网红、粉丝、MCN 机构、营销机构、平台渠道、供应链企业和品牌方等在内的一条完整的网红经济产业链。链上的每个环节的参与者都在相互作用、相互赋能、相互影响，从而形成像自然界中生态圈一样的良性循环的链条。在网红经济生态圈中，每个成员定位明晰、分工准确，而且变现方式极其简单粗暴，这是网红经济最重要的一个特点，这也是对市场把握能力的最大考验。

网红经济生态圈的形成，始于网红和粉丝在社交平台上的互动。随着互联网技术的发展和新媒体的出现，网红与粉丝之间的互动也变得越来越顺畅、越来越频繁。从传统论坛留言互动到博客个人主页的展示，再转战到可以实时互动留言的微博，现在已经发展到视频直播和短视频，互动的真实性和及时性也变得越来越强，网红的影响力也越来越大，在这个过程中，网红的商业价值伴随着网红电商的出现展露出来。

由于网红电商可以让KOL通过互联网平台直接与粉丝互动，这也是网红电商相较于社交电商与传统电商最大的区别，也就是说，网红电商更具有互动性。在"粉丝经济"大行其道的当下，粉丝对网红的忠诚度和黏性极高，其转化率也远高于其他形式的电商。据调查数据显示，顶级网红电商购买的转化率可以高达20%，而社交电商购买的转化率仅为网红电商的一半，传统电商购买转化率也仅为0.37%。这种消费者与商家之间极高的信任度和黏性已经让网红电商的市场规模达到了790亿元，并且逐年复合增长率高达87%。

网红经济之所以可以如此迅猛地发展，主要有以下几个非常重要的因素。

一、移动互联网的普及

中国网红经济的快速发展，主要是依托于移动互联网的普及，网民可以通过不断更新迭代的社交媒体，如微博、微信和抖音等，更加方便地展现自己的生活形象、宣传自己的产品，赢得更多的粉丝流量等，从而快速形成了一个网红经济市场。

二、政策性支持

中国网红经济的发展也得到了多方面的支持。在政府相关政策的支持下，中国多家传统行业公司都把发展网红经济视为重要的市场策略，甚至政企部门也把网红经济和自媒体当作政绩宣传的主要途径。越来越多的中国企业开始重视网红经济的发展，并且由此催生出了网红经纪公司这类垂直细分于网红经济行业的新业务形态，并将其视为一种新的商业模式，从而进一步推动了中国网红经济的发展。

三、社会的普遍认可

中国网红经济的发展离不开社会的普遍认可。网络红人凭借极高的互动性和曝光率所传递的信息效率远远超过了传统媒体，随着相关网络监管检查力度的增加和公信力的升高，让网红经济在全社会范围内均被认可，从而促进了网红经济的发展。

四、技术的不断革新

中国网红经济的发展将持续推动社交媒体、移动互联网和其他相关技术的不断革新和发展。随着越来越多的网络红人和企业投入到网红经济的发展中来，社交媒体、移动互联网和其他相关技术的应用也将不断反哺中国网红经济的发展。

网红经纪公司也是网红生态圈中不可或缺的重要链条之一。网红经济生态圈中的核心角色是网红；网红经纪公司则在其中担当网红生产、包装、商业化运营以及电商管理的重要角色；网红通过在社交平台上与网友进行互动以获取粉丝；而社交平台在粉丝变现方面存在各种各样的短板现象，于是电商平台就成为网红的主要变现渠道，网红们以自己的公信力引导粉丝进入电商平台实现变现，最后由网红和经纪公司共享变现收益，这就是网红经济中常用的转化变现流程。

随着网红引导粉丝变现的能力越来越强，当知名度和粉丝量也达到一定量级后，产品商和广告商也向网红经纪公司提出销售合作的需求，再通过微店或者电商平台来达到销售的目的。

中国网红经济发展迅猛，得到了政府政策和社会的普遍认可，并推动了社交媒体、移动互联网和其他相关技术的发展。随着中国网红经济的不断发展，社会经济的发展也将得到更大的促进同时，它也为中国经济的发展增添了新的活力。

第二节 "网红店"已成引领消费潮流"风向标"

近年来，一些装修风格独具特色、环境舒适讲究、瞄准年轻消费群体的"网红店"，在市场上不断涌现。与传统餐饮店形成鲜明对比的是，这些"高颜值"的店面不仅赚足了人气和流量，还成为引领消费潮流的"风向标"。任何一家"网红店"的出现，都会引得大批年轻消费者争相"打卡"，然后迅速霸榜朋友圈和各大社交媒体。

网红店为何有如此的魅力，可以迅速风靡消费者朋友圈，并且让人们甘心排队2小时去喝一杯奶茶、买一块点心？

首先，作为网红店，毫无例外地都有着精致的"高颜值"的装修。"颜值即正义"这一点非常符合年轻消费者的喜好。例如，某网红奶茶品牌的门店设计就颇为讲究。店面空间窗明几净，整体都在给人一种明亮、小清新、有格调的感觉。不仅如此，店内的灯光也被调试成最佳适合拍照的灯光效果，更是不惜成本地请来"爱马仕同款"托光设计公司，细节拉满。也因此吸引了不少人前去种草、拔草、拍照和打卡。

所以网红店一定是具有辨识度的，让顾客买得开心、待得住、愿意主动拍照发朋友圈的。这也是为什么"网红店"可以在年轻消费者，尤其是在圈层中迅速爆红的原因。

其次，每家网红店必定有一款"网红单品"。比如，某网红糕点连锁店主打的明星产品是一款肉松小贝。松软香甜的蛋糕搭配酥脆的海苔和秘制的沙拉酱，再加上咸甜适中的牛肉或猪肉肉松，迅速抓住了年轻消费者挑剔的口味。

所以必备一款"人无我有，人有我新"的爆款单品是网红店必备的，或造型吸睛，或口味独特，或包装设计极具辨识度，不仅可以凭借该单品迅速在消费者心中形成标签化，还能够促使顾客拍照转发朋友圈来彰显自己的逼格与时尚。

再次，很多网红店也会策划很多新奇好玩儿的营销模式来制造热点话题。比如，抖音热销的答案茶，将普通的奶茶拉花中写上占卜的结果，凭借占卜的个性噱头进行营销，两个月拍了 20 条抖音小视频，一度涨粉几十万，3 个月爆红，加盟商都要排队膜拜。

所以网红店最擅长的就是营销。新店开张时会在线下雇人排队营造门店火爆的视觉冲击，同时还会请性价比高的 KOL 进行抖音等社交平台的同步发力。

再利用年轻消费者的社交阵地，例如，微博、公众号甚至小红书等进行图文种草，各大门户网站的通稿再持续发酵一段时间，这样基本就能在大众视野当中蹿红，给产品贴上时尚单品的标签，作为号称时尚前沿、追求个性的年轻消费者在其影响之下，势必"打卡"来证明自己的身份。

引得追时尚潮流的潮男、潮女们纷纷打卡晒朋友圈、晒微博，网红店宣传的目的也就基本达到了。

然后，还有一个很重要的特征就是，网红店除了要有高关注度、高认知度、高频消费和高感知度等特点外，其产品也必须具备高毛利的特点，且作为需求高频消费的需求，一般情况下网红产品大都以快消品为主。

由于网红店需要有高大上的环境、精致的产品包装，还要有各种铺天盖地式的宣传营销、事件发酵等，所以如果产品毛利率达不到一定水平，很难存活很久。

最后，裂变式的传播往往也是网红店必备的重要能力之一。答案茶以"茶饮+占卜"这一创新个性的玩法，借助抖音瞬间热销。朋友圈口口相传，结伴去拔草，靠的就是口碑裂变，而一般网红店都是靠口碑裂变的方式拉新。

但还有一种比口碑裂变更好的传播方式就是机制裂变，比如某品牌的咖啡。由于咖啡产品自带高毛利和强社交的属性，该品牌就突发奇想，将大部分广告费作为用户补贴，通过APP和小程序促销——买二送一、买五赠五。更是凭借咖啡的社交属性，采取了朋友圈分享即可免费赠饮等营销手段，激发用户分享好友拉新获客，一时间该咖啡品牌的分享信息火爆微信，瞬间坐上了咖啡行业的头把交椅。

第三节　网红绿植店掀起"悦己消费"新风尚

不知何时，养绿植已经悄悄地成了新一代年轻消费者的时尚，绿植产业也因此迎来了新商机。绿植作为在印象里专属于中老年人群体的爱好，如今正在被年轻人玩出了全新的花样。

"家里已经都快没地方放了，可我看到好看的绿植还是忍不住买""爱上绿植，开心得不要不要的"。"悦己者"们经常会在朋友圈里晒自己用绿植精心打造的阳台小花园，并分享养绿植的心得。既喜欢分享种草，也用绿植来表达情绪。

在"悦己者"眼中，养绿植的心情和养宠物有很多相似之处，"它们同样需要你付出和精心照料，也需要你不断地学习，有共同爱好的朋友圈子，大家会不时地分享养植物的经验和快乐"。在他们看来，养绿植获得的是一种陪伴感和治愈。"平时工作压力很大，但是一回家看见一小颗新芽就会感到无比开心。"

绿植好存活、够美观、净化空气等特点，往往是消费者购买绿植时考虑的主要因素。如今，崇尚"悦己"的年轻消费者追求的是创意化、个性化，用绿植作为自己的社交新手段。从交流经验、绿植分享的同好圈子，到养殖教学、绿植测评的绿植博主，再到各大绿植销售平台的上线，绿植文化释放出巨大的潜力和商机。

以某家绿植批发店为例，该店不仅推出了多款个性、新奇的绿植，并且还以"幸运竹""顺心竹"以及"好运兰"等富有创意和吉祥意义的名字为植物命名，颇受年轻人青睐。此外，小巧别致以及个性化的装饰也是年轻人种草绿植的重要因素。以巴西木为例，由于在科幻电影中出彩的表现圈粉无数，各个商家就将电影同款的呆萌人偶搭配巴西木，一度成为社交平台的爆款。销量最高的两家巴西木淘宝店铺均有超万次购买，一时间就成了电商平台最受欢迎的绿植爆款。

追求精致和个性的新一代"90后""00后"消费者们更喜欢用富有格调、修剪精美的绿植盆栽来提升家居品位。绿植市场正在趋向年轻化和时尚化，绿植盆栽品类中越来越多的商品也逐渐具有了潮流玩具的属性。

主流社交平台小红书上关于绿植和绿植养殖相关内容的笔记超过185万篇，抖音平台上关于绿植的话题也累计超过14亿播放量。面对年轻人多样化的需求，也在慢慢地影响着绿植行业的发展。

郁金香被命名为"郁见你"、仙人掌被叫作"掌上明珠"、米奇仙人掌叫作"可可爱爱"、花盆也被贴上了"交个盆友"的标签，"越萌越可爱，越怪越喜爱"似乎正在成为当下年轻人选择绿植的潮流。在位于五一广场"MAX植物力工厂"绿植店内，所有的植物都被赋予了一个独具个性又特别的名字，再凭借极具工业风与时尚的店铺风格，也让这里迅速成为绿植圈层人群钟爱的"打卡地"。

近年来，绿植爱好者逐渐呈现出年轻化的趋势，越来越多的年轻消费者涌入养花种草的队伍,成为当下流行的"颜植青年"。在众多提升生活质感的商品中,绿植是一个并不新奇的品类,但是仅用一两杯奶茶的钱,换来房间或工位的精致生活和个性美感,对年轻人而言,绿植无疑是性价比极高的"悦己消费"。

第四节 网红将如何内外兼修实现悦己

作为网红,抛开商业运作的因素不谈,网红本身一定要有独特的气质和丰富的内涵才能够做到吸引粉丝、黏住粉丝。所以,无论是在外表还是在内涵上的修炼,都是作为一个网红的必修功课。

无论是颜值主播、才艺主播还是知识主播,都需要有一个良好的形象,因为在作为"颜值即正义"的时代,良好的形象是能否吸引粉丝的首要条件,因为没有一个观众会愿意通过邋遢的外表去探寻骨子里的知识和魅力的。

首先,精致的妆容和得体的服装是网红的硬件标配中最重要的一个方面。其次,优雅的仪态、动作还有悦耳的声音也是网红获得粉丝青睐的法宝。最后,就是网红一定要有独特的个人风格,这样才能抓住消费者。

上文提到的是网红的外在修养,颜值直播作为网红的主力队伍,各种俊男靓女不计其数,他们大都非常注重自己的外在形象。但是如果只顾着做外在形象的提升,却不注重自身修养,那样就会缺少内在气质的培养,

悦己消费：新消费业态，悦己经济崛起

即使外表再华丽、着装再特立独行，时间一长也会让人感觉是千篇一律。不仅一个人如此，一个景区、一个产业、一个业态也是如此。近年来，随着网红文化的盛行，线下新开张了许多"超高颜值"的网红餐厅、网红小店等。表面上看，这些店内的每一道菜肴都是令人垂涎欲滴的佳肴，而且都是充满格调品位的店铺装修，但其实这些店更多的功能却成了顾客发朋友圈的拍照素材之一。精美的装饰固然能吸引一部分顾客纷至沓来，但内涵的缺席最终会导致消费者的乏味，只停留于外表的做法使其在同行业实力竞争下苟延残喘，甚至消失。要想使网红餐厅、书店在市场上长久永驻，必须在美味和文化底蕴上下功夫。因此，外在固然重要，但比外在更为重要的是内在。

所以，内在美更为令人着迷。就犹如一幅优美的油画，如果缺少了创作者的情感和思想在里边，即使油画看起来非常绚丽，却始终缺少灵魂，依旧很难彻底打动人心。所以如果只拥有美丽的空壳，无论是人设还是所传达的信息都显得不那么坚固。只有灵魂的丰满才能让魅力永存，才能屹立不倒。对于一个国家来说，也同样如此，华丽的外表、秀美的自然风景固然能吸引他国友人，但只有厚重的文化和坚毅的民族精神才能吸引别人更深入地了解国家，真正爱上这个国家、这个民族。

"腹有诗书气自华"，只有内外兼修才能"悦己悦人"，内在修养最终也会反作用于外表，通过人的举手投足间而表现出来。但内在的修养不像外表那样，外表在很大程度上取决于天生，后天的因素会有影响但不会决定一个人的外表，可良好的修养并不是与生俱来的，需要后天的磨炼，需要勤奋地学习，需要克服困难才能成就的。

第八章
"她经济"已成"悦己消费"的主阵地

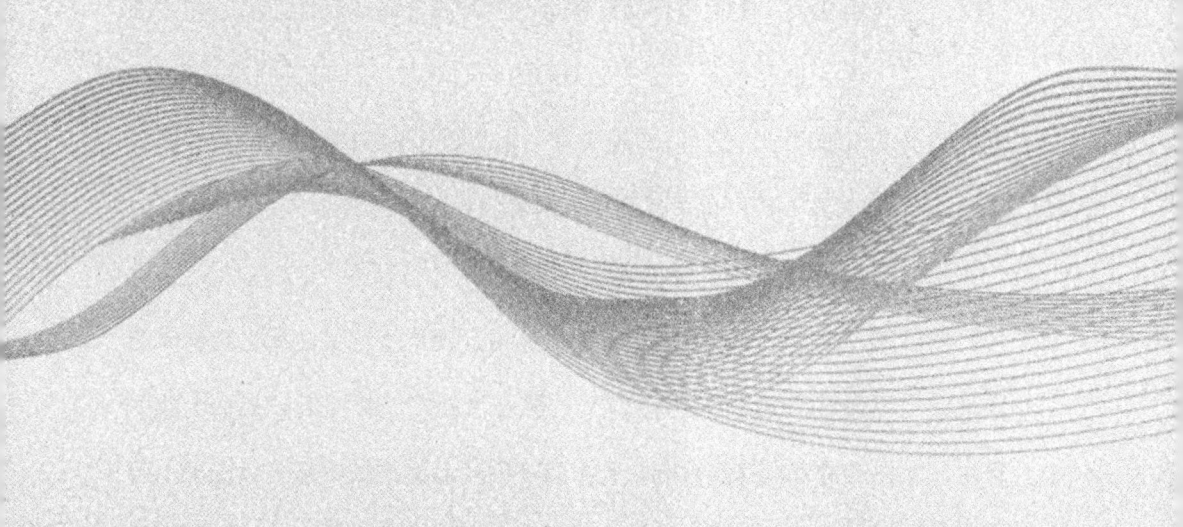

悦己消费：新消费业态，悦己经济崛起

第一节
"她经济"时代女性消费从"悦人"转向"悦己"

伴随着"悦己经济"的风潮愈演愈烈，由于各类群体对"悦己消费"的态度不同又催生了很多"悦己经济"的细分领域，以女性独特的消费理念和消费视角的"她经济"也走进了人们的视线。随着"她经济""她力量"的崛起，女性消费行为及习惯、特征成为全社会很多行业的关注焦点。

在"她经济"崛起的今天，女性消费群体在社会活动中各领域受到关注的同时，也更加在意自己的选择，消费观念也明显地由"悦人"转向"悦己"，自用女装、美妆等产品订单量明显升高并高于其他产品。在"颜值即正义"观点的指导下，在注重美丽的同时更加关注自身健康，运动、健康类消费增幅明显。此外，"她力量"也打破了网购主力以年轻群体为主的局面，"银发一族"也在逐渐加入网购的大军。

之前的女性在大家印象中总是承担着"照顾家人""先悦人、后悦己"的形象。而如今多个电商平台数据显示，现代女性更注重自己价值的实现，也更愿意为愉悦自己而生活，"悦己"消费趋势明显。某平台数据显示，女性消费者在其平台购买频次最高的产品品类依次是美妆个护、服饰鞋帽、水果零食、母婴亲子和家居百货，女性自用女装、美妆等产品的订单购买量增幅明显高于其他产品。对于"90后""00后"年青一代的女性,"悦己消费"趋势则更为明显。由平台数据分析得出,服饰鞋帽、美妆个护等品类的产品的订单中,"90后""00后"年轻女性的订单总量比例超过50%。[①]其中,内衣、护肤品尤其以抗皱眼霜最受年轻女性消费者的欢迎。仅"90后""00后"女性购买聚拢型内衣的订单量就同比上涨了217%。并且在品牌选择上,女性"悦己"消费者也不再像之前那样崇尚聚焦国外大牌,逛国潮、买国货,同样是"90后""00后"女性消费新风尚。以美妆品牌为例,"90后""00后"女性消费者购买国产新锐品牌的订单量就远远超过了国际品牌,越来越多的国潮品牌成了女性消费者争相追逐的大牌。

某自营电商品牌也发布数据称,服饰内衣、美妆护肤、医疗保健等排名进入了女性消费金额品类前十。此外,女性在家庭消费上所占的比重正在逐年下降,"悦己"消费占比反而越来越高。除注重颜值等外在形象外,女性用户还特别偏好"自我提升"类的"发展型消费"产品,如图书、玩具、乐器以及教育培训等。女性消费者变得越来越有求知欲望,其中30岁以上的女性学习积极性最高。从消费占比的数据来看,26-35岁的偏年轻女性比较喜爱玩具、乐器等,36-45岁的女性则偏好图书类和教育培训类的消费。

不仅是知识型的消费,女性在健康运动方面的投入也在逐年增多。根

[①]《拼多多发布女性消费报告:90后、00后成消费主力,晚间拼单最多》,燕赵都市报,2021年3月8日。

悦己消费：新消费业态，悦己经济崛起

据网购平台数据显示，女性对于平台生活健身的方式尤其热衷，订单也随之大涨。除此之外，女性购买拳击手套、乔丹运动鞋和西装的订单也已经远远超过男性。女性的消费变得越来越注重自我，主动"悦己"，不再因为别人的目光而影响自己的选择。中性风也随着"悦己"思维的深入而成为女性消费者的着装新选择。

在电商"随处"并且"随手可得"的时代，购物也变得越发地便利，销售平台的数据显示，北上广深这些一线城市占据城市女性消费金额榜前四。在一线城市之外，作为新兴"网红城市"为代表的成都强势挤进榜单前五，杭州排在第六位，武汉、南京、重庆、苏州等城市的排名紧随其后。

一、二线城市女性在畅快消费的同时，得益于互联网电商消费的扁平化，三、四线城市女性消费者购买力也在迅速攀升。近几年，二、三线城市的网络消费提速越来越快，并且女性用户的增速远远超过男性用户。不仅如此，市场层级越下沉，女性和男性消费的增长速度差距也就越大，如今，下沉市场的女性用户已经完全成为互联网零售行业最大的增量来源。新电商时代，下沉市场的消费潜力被女性消费者彻底激活。

在消费行为的时间分布上，发现女性消费者的购买行为习惯中出现了"夜间消费"的情况，并且有"熬得越晚，花得越多"等迹象。这一现象好像也不难解释，新时代的女性，经历了一天辛苦的学习或者工作后，女性消费者也会像其他消费者一样选择观看直播、在线逛街等方式来休息、放松心情、享受生活。其中，"90后""00后"偏年轻的女性消费者甚至会活跃到凌晨。

第二节 "她经济"时代下，女性的健康消费观

在如今的社会中，随着社会的发展和进步，女性，无论是在社会上的地位还是在家庭中的地位都有了显著提高，这就直接导致女性消费群体成为经济环境中重要的一个组成部分，与此同时，女性消费为市场经济所带来的影响受到更多人的关注。今天的女性消费者的消费理念已然从"奉献型消费"逐渐变成"悦己消费"。所以由女性消费势力所形成的"她经济"市场应运而生，伴随着"她经济"的愈演愈烈，女性消费者已经成为各个行业着重营销的焦点。从消费市场看，生活中最能体现"她经济"的就是异常火爆的"6·18""双十一"和"双十二"等电商购物节了，在活动期间，女性消费群体表现出了令人惊讶的消费能力。目前，中国97%的女性都是家中购物消费的主力军，中国女性消费市场总额也已经超过了10万亿元。[①]

"她经济"的崛起，"悦己消费"的到来，让女性消费者越来越关注健康的重要性，专门为女性设计的滋补品也层出不穷，给全球消费市场营造了一场"她健康"主义经济的革命。在"她经济"消费的带动下，各大健

[①] 《果酒市场如何破局？重构"她经济"浪潮下的"人货场"》，凤凰网，2022年9月18日。

悦己消费：新消费业态，悦己经济崛起

康领域的产品和服务都迎来全新的机遇。

有数据统计，中国 20 岁至 60 岁的女性主力消费人群规模高达 5.3 亿，由她们主导的"她经济"市场中涵盖了购物、健康、娱乐等各领域。而规模到达千亿级以上的"她健康"市场仍然在逐步壮大。如今的女性消费者已经不再只满足于以往的"不生病"而已，对健康的需求也正在朝着更加精细化、多元化发展。

在这超千亿级规模的"她健康"消费领域中，主要需求有四个方面。首先就是对各种营养成分的需求。很多女性在购买保健品的时候，由于天生的细致细心，所以大部分女性消费者都会对其关注的产品的特定成分作出分析，希望能通过个别成分来达到自己所期望的美丽、健康的效果。其次，就是关于女性情感的诉求。大部分女性奔波于职场，承担着生活和工作的共同压力，这时候女性则将需求寄托于保健类的产品，以此达到缓解焦虑、释放压力的效果。然而，新时代的年轻女性消费者有一个显著的特点，就是大都乐于分享，希望通过自己体验达成一定的效果后，分享给身边的同事、闺蜜和好友。最后，"颜值即正义"，产品的包装也同样不能忽视，"高颜值"仅仅是产品包装的敲门砖，很多女性消费者甚至对产品的原产地、生产加工、运输流通等方面也要了解得面面俱到。

"悦己消费"的一大特点——自我价值实现是没有尽头的。"她经济"作为"悦己经济"中最有代表性的体现，女性的消费需求升级也会伴随着消费观念的升级而不断提高，这也就催生了保健品市场的新趋势，对于消费人群更加垂直细化，产品功能更加多样性，包装除了颜值要高以外还要

有个性有设计感，只有符合这些要求的产品，才能更加迎合大众和女性审美，在市场占据一定量的份额。

滋补品作为一个细分品类，既是传统的家庭健康养生中最流行的产品，也是女性消费者最关注的产品之一。如今互联网技术的迅速发展，促使电商平台已经成为滋补品销售的主力市场。其中，燕窝占据第一大滋补品市场，此外，参茸、鹿茸等"新贵"也都呈现高速发展趋势。并且消费者，尤其是女性消费者选择滋补品时都更倾向于即时化、轻滋补，尤其注重品质和产地，品牌方面则更倾向于老字号的产品。

女性消费者对健康的关注不仅局限于对保健品和滋补品的关注，更体现在运动和健身上。体育消费市场也正在成为"她经济"的新风口，而在女性体育类消费激增的背后，是"她经济"影响下的消费观念、健康意识等诸多因素共同影响的作用和结果。

爱美之心人皆有之，女性天生就是美的代言词，"女为悦己者容"说的就是这个道理。尤其是年轻的女消费者，留住靓丽的青春，留住美丽的容颜，是女性们与生俱来的愿望，为了满足这一愿望女性们往往不惜花费更多的金钱。为美丽买单无可厚非，无论是青春靓丽的容颜还是时尚个性的衣装，女性消费者追求外表完美，都是积极向上的生活态度的表现，特别是忙于奔波的职业女性，美丽的外表再加上出色的才华，更是职业生涯的第一推动力。但相比之下，女性消费者为健康买单更值得点赞。因为拥有健康的身体，才能让靓丽的容颜获得更多、更长久的青春与展现。

在健康类消费上，女性消费者更懂得对自己"好一点"的重要性。所

悦己消费：新消费业态，悦己经济崛起

以在健康消费上舍得投入，这一点同样也是新时代女性消费者的消费观念升级的呈现。同时，通过运动释放情绪，也是优化职场应对能力的最好方式。从女性体育消费市场的发展不断提速，也是更多的女性消费者对生活品质的追求和对健康意识的增强。

女性对自身健康、健美的追求都是值得提倡的，但需要注意在安全保障上也要有足够的防范意识，既要选择适合自己的健康、健美方式，同时也要做到理性投入。理智买单，健康消费，以免进入体育运动的误区或者陷入经营商家的收费陷阱。越来越多的女性更愿意为健康与快乐"买单"，由此也形成独具特色的"她经济"，这样不仅会拉动体育消费市场的复苏杠杆，更有利于带动其他体育市场相关产业领域的回暖，对促进社会经济发展也起到了强有力的助推作用。

第三节
"她经济"时代各年龄段女性"悦己消费"知多少

"她经济"的火爆促使女性"悦己消费"额大幅攀升，如今新时代的女性消费者的身份已经不再是曾经单纯的家庭主妇，她们已经不再只是服务他人、取悦他人，更多的是取悦自己，比如保养自己。让自己过得更开心，取悦自己的同时"买买买"也是必不可少的。此外，不同年龄的女性，在消费行为上也有着不同的特点。

首先我们来看年龄最小的女性消费者——"00后"。她们的诞生和成长是伴随着移动互联网时代一同成长的，所以在她们的人生观、世界观、价值观等属性特点完全不同于其他年龄段的人群，尤其是她们的消费观。在她们身上呈现出更独立化、多元化、包容化的人格特点。除此之外，移动互联网深深地影响着她们的生活态度和消费理念。恰逢青春叛逆期的小女生们对于网红、爱豆们有着近乎于痴迷的热爱，这些同样也影响着她们消费时如何做决策。

"00后"非常重视购物过程体验。她们希望与品牌建立除了交易属性之外的信任感和亲密感。她们明显对社交媒体上的营销信息更加敏感，反馈也更积极，她们也很热衷于在社交媒体上分享自己的购物体验。这种积极的消费态度也促使商家和品牌方对消费者个性需求的重视。

至于"90后"消费者的消费特点，则呈现着个性化与从众化并存的现象，她们在将个人消费向时尚看齐的同时，也更加希望以此实现自我价值，"悦己"的同时也会表现出一定的攀比和炫耀心理。因此，"90后"在消费时不仅关注商品本身的使用价值，更加关注其背后蕴藏着的独特性和优越性。

"90后"追逐时尚、追赶潮流，对美的渴望是尤为强烈的。她们已经成为市场中的重要消费群体。对于品牌方来说，需要紧抓她们的消费心理，了解并分析她们的消费行为习惯，并且提升自己在"90后"心中的品牌认知，这样才能俘获这一代女生的"芳心"。

在网购选择上，鲜花是"90后"女性较为关注的商品，鲜花和浪漫是

| 悦己消费：新消费业态，悦己经济崛起

她们的主旋律。

对于"95后"这一代女生来说，他们明显的特点就是普遍有着积极向上的生活态度和较强的消费欲望，她们在消费理念上不关注大牌，只偏爱有故事、有设计感的原创品牌。对于美有着独特且极致的追求，所以她们对于以颜值取胜为切入点的品牌完全没有抵抗力。

有数据显示，口红是"95后"女生关注热度最高的商品。软萌可爱的"95后"们，在任何时候都需要光鲜明亮的"战衣"给自己的美丽撑腰、为工作鼓劲，因此一支适合自己、色彩艳丽的口红可以为自己加分不少。成分天然、外形精美的口红与"95后"的需求不谋而合，在"95后"女性打造百变轻熟的时尚造型上，以实力常年霸占购物车"C位"。

对于那些已经在职场打拼多年的"85后"们，作为女性白领的她们基本上具有较富足的经济条件，她们的消费取向也更加专业和精致化，她们在消费时更加追求那些具有高品质和有文化内涵的品牌。

当今白领女性在关爱自己方面非常重视，而且将越来越强烈，也越来越成熟。所以，通过强体验感的场景化营销，从情感的角度切入，全面诠释女性的内心诉求才是品牌的发力点。

在购物方面，"85后"明显更看中商品的实用性，尤其是各种智能化家居产品，如扫地机器人、智能厨具等都是"85后"女性搜索频率最高的商品。

最后是已经步入了40岁年纪的"80后"。处于此阶段的"80后"女性大多已是各领域的佼佼者，但是她们也面临着更大的生存和竞争压力。

第八章 "她经济"已成"悦己消费"的主阵地

这个年龄的女性通常因为生理因素要面对比较严重的"颜值焦虑"。步入中年后,"80后"的皮肤大多会开始走下坡路,老化、皱纹、松弛、色素和暗沉等问题都会慢慢出现,所以她们对于皮肤保养品的需求最为旺盛。

第四节 "她经济"将成"悦己经济"的新商业出口

随着社会的进步,女性在社会中的地位也得到了显著提高,紧随其后的就是女性独立意识的觉醒。如今,作为新时代女性消费者已成为"悦己消费"的助力人群,这标志着"她经济"已经悄然崛起。

新时代女性的"悦己消费"更注重个人体验型消费。"悦己消费"的崛起,不仅是对个体的经济行为随时代变迁的证明,更是体现了人们对于美好生活的追求。中国消费者在购物时更倾向于自我价值的实现和自我满足,女性消费者在这一点上表现得尤其明显。因此,"她经济"也势必将为市场提供新的商业出口[1]。

在"她经济"下,商家要想抓住全新的商业出口,必须从细微处了解女性需求并着重为其提供精细化服务。

在"她经济"下,女性消费者往往会为情感溢价而买单。女性消费者虽然对于商品的品质有相对较高的要求,但往往会更容易被消费过程的

---

[1] 《外商抢滩"她经济"定制化成新趋势 消博会上,"她经济"释放消费潜力》,中国经济网,2023年4月13日。

悦己消费：新消费业态，悦己经济崛起

体验感而满足。因此，要抓住女性消费者的需求，做懂她们的商业综合体，关注其生活必要需求，完美其日常生活体验，传递品牌的诚挚态度和良苦用心，对女性提供细致的人文关怀，更能够赢得新时代女性消费者的芳心。

大多数女性消费者往往还会伴随着一个特殊的身份——就是母亲，女性在成为母亲的那一刻，所有的需求都会建立在给孩子一个最好的生活之上，哪怕一些很微小的需求都会被放大好多倍。所以，商业综合体中的母婴空间是打动女性消费者的一个很好的理由。温馨舒适的母婴室，可以让妈妈们安心地给孩子哺乳、换尿布、哄睡，更加方便地实现潇洒带娃，也将会是带娃家庭优选商场的重要前提。

公共洗手间，作为一个商业项目必不可少却常常被忽略的配套设施，与每位消费者有很大的关系，是必要且使用率相对较高的公共空间。现在越来越多的购物中心也开始注重其商场的卫生间设计，从场景设计上创新，为消费者创造与众不同的空间体验。购物中心通过高科技、色彩元素、IP设计、灯光等大胆的设计，把主题概念运用到"卫生间"的打造上，使整个商业体晋升为消费者享受美好生活的新潮地。购物中心要吸引消费者，尤其是女性的眼球，不仅仅要为消费者提供便利的服务，更需要为其提供个性的特色体验专属区，一个"精心打造"的小细节能够直击消费者的内心，留住她们的脚步。

在"她经济"的影响下，独立、自强的性格使女性逐渐成为"悦己经

济"市场中的主力消费群体。[①] 很多业态也开始重视女性消费者并且以投其所好为目标，从建筑设计到氛围营造，再到品牌招商，力求从多方面来俘获她们的心。然而，要真正打造重视女性的商业中心，不是喊一句口号那么简单，而是要着手于各个细节去为女性的需求量身打造。

以上海一家知名商业综合体为例。该品牌以"女性享受"和"女性社交"为关键词垂直细分女性消费者市场。在商业空间设计方面，极力迎合女性的审美标准，以多区域化为体验试新，通过模糊经营空间和品质公共空间来迎合女性的诉求。此外，位于明显区域的是以女性为主题的各种插画。这些设置极为有效地突出了该品牌"新女性潮流社交地"的定位。

不仅如此，以冷色系为主调的北欧风装修休憩区，精心设计的品质生活互动和艺术生活类体验场景，优中选优的品牌组合，在各个方面无不紧贴女性的体验偏好。这些商业体无时无刻地在通过女性消费者的不同领域视角传递给她们探索自我、突破自我、活出自我的价值观，已经将女性主体提升到了全新高度。

在"她力量"不断崛起的背景下，琳琅满目的服装饰品虽然能够提升女性的外在形象，但是单纯的"颜值经济"在这个时代下已不能完全满足新时代女性的高品质需求。因此，深度提升女性消费的内在气质和提高品位享受生活才是"她力量"追求的高质量精神需要，才能达到真正实现女性消费追求的高度。

[①]《天眼查发布〈悦己·向上 她力量成就她经济〉报告，展现新时代女性自信力量》，百度号，2022年3月8日。

伴随着女性在社会中的地位越来越高，女性的工作与生活压力也在不断加倍，养生风潮在年轻女性中悄然兴起。她们对健康变得越来越重视，不仅如此，新时代女性消费者不仅仅是重视健康这么简单，她们所追求的健康的生活，更是要从自己的身体、气质、形象等各个方面去完成蜕变。随着经济实力的增长，独立自我的新时代女性更愿意为自己的未来、为自己的健康投资，通过更好的生活品质去完成自我价值实现的目标。

第五节　"她经济"已成"悦己"品牌发展主阵地

随着"她经济"如火如荼地大踏步发展，如何紧握女性消费需求已经是零售业的必修课，甚至将女性消费视为影响经济市场走向的重要因素。相关数据显示，我国年龄在20岁至60岁的女性消费者已经超过约四亿人，消费市场的量级更是达到了十万亿元的规模[1]。其中，"80后""90后"女性为消费主力人群。在庞大的消费市场中，女性的消费需求更多的是在个人提升和娱乐体验上，取悦自己和崇尚美好、精致、舒适的生活方式已经成为年轻女性消费者的价值观。如此规模庞大的女性消费市场，让"她经济"成为各大品牌的必争之地。

据调查，超过半数的女性人群每年护肤品的花费超过3000元，并且

---

[1]《经济日报携手京东发布数据——女性消费引领市场升级》，经济日报，2023年3月6日。

花在护肤上的时间超过20分钟。不仅如此,超六成的女性拥有至少10件以上的化妆品,超七成女性通过各种社交媒体,通过美妆博主视频学习化妆。[①]

比如,某品牌的瑜伽裤,在运动服装界的知名度最近几年越来越高,是受到瑜伽爱好者疯狂追捧的"运动休闲"大牌,甚至已经成为中产阶级锻炼身体的标配。不仅如此,该品牌也是"运动休闲风"这一全新流行元素的缔造者。[②]在该品牌没有爆火之前,女性消费者不会觉得穿运动装上街是件很时髦的事情,但是如今,身着该品牌瑜伽裤配上名牌包包却成了精英时尚女性的标识,更有甚者已经将"运动+时尚"的融合重新定义为主流。而该品牌也凭借"她经济"的力量,估值更是在十年间增长百倍,已经成为前卫、时尚女性的代名词。这就是"她经济"给品牌带来的"质的飞跃"。

不仅是零售行业在争夺"她经济"的地盘,就连本应专属于男性的游戏产业,也瞄准了"她经济"的地盘。从《旅行青蛙》和《恋与制作人》到《集合啦!动物森友会》《江南百景图》等游戏的迅速走红,大量的女性玩家已经慢慢取代男性玩家,成为游戏行业的消费主力,"女性向游戏"也在逐渐升温。

随着电竞全民化的发展,"她力量"成为不容小觑的存在。近年来,各大游戏赛事中,无论是FPS游戏还是MOBA游戏,女性参赛者的身影比

[①] 《消费"女子力"成长 她们买买买就圈下10万亿元的大市场》,新浪财经,2021年3月8日。
[②] 《十年增长100倍,Lululemon是如何超越Adidas的?》,长江商学院,2020年10月9日。

比皆是。甚至有专门成立的女子战队,在国际性质的比赛中也均获得了不俗的成绩。

随着"她经济"的火热,更多的品牌都在为女性消费者打造专属的产品。

某户外运动一线品牌,更是推出品牌首个女性主题"由我发现"。在延续该品牌强悍的功能和高品质做工的同时,首次聚焦女性,用更多符合女性特点的设计元素,致敬当代女性力量以及探索精神。

全球最大的自行车制造商也建立了自己品牌旗下专属于女性的子品牌,该品牌的负责人对外是这样说的:"我们并不是单单生产女款自行车和配件,更是为了鼓励女性去尝试一项新的运动,或者通过这项运动来创建新的社交圈。"由此可见品牌对"她经济"的重视程度。

无独有偶,曾经专属于男性消费市场的酒类,也将目光转向了新时代女性消费者,也纷纷成立面向女性市场的子品牌,并通过不断加码果酒市场份额来取悦女性消费。商品主要是以微醺低度女士甜酒、发酵水果酒、洋酒等符合女性消费者口味的产品。目前,中国 80% 的低度酒都是被女性群体消费掉的,这样的数据更是从侧面验证了"她经济"的力量。

越来越多的商家已经将女性消费者作为品牌的目标消费群,针对女性视角设计、研制并开发新产品。女性的独立与自主、旺盛的消费需求和较强的消费能力,都意味着"她经济"势必会给消费市场带来不一样的增长点。从不同的需求到不同的消费习惯,"她经济"的蓬勃发展引导了一系列新的消费趋势的同时,给商家提供了无限机遇和更大的挑战。[1]

---

[1] 《"她经济"崛起,如何站上新风口?》,中国财富网,2019 年 3 月 27 日。

第九章
"悦己经济"助力美容美发行业稳健发展

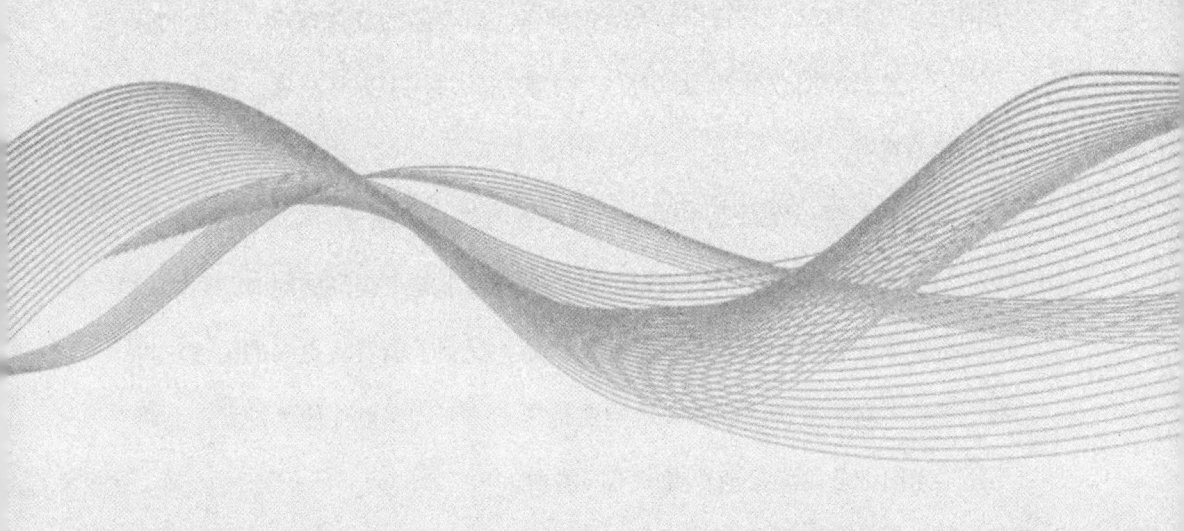

悦己消费：新消费业态，悦己经济崛起

第一节
"悦己经济"时代下的中国美容美发行业新趋势

伴随着市场经济的不断发展和消费形态的升级，美容美发行业也从单纯的服务行业逐渐成长为包括美容、美发、化妆品、教育培训以及美容器械等涉及广泛领域的综合产业。在"悦己经济"下，人们更坚信"颜值即正义"，对美的追求有着前所未有的渴望，为美容美发行业带来了新的升级。但是也正是由于"悦己经济"，新经济形态下的消费者对美的需求也变得更加多元化、更加个性化、更加精致化，这些都给美容美发行业带来了前所未有的挑战。只有作好充分的准备，以全新的经营理念、全新的营销思路、全新的商业业态迎接挑战，才能在新时代中抓住机遇、抓牢"挑剔"的消费者。

首先，美容美发行业中的商品和服务将进一步细分。在"悦己经济"下，消费的不断升级使消费者对产品的品质要求越来越高的同时，对功效的需求也越来越多元化，尤其是护发产品，受到了消费者更多的关注。再基于消费者对于洗护产品的要求也变得越来越细致，也促使了护发产品将不断地走向细分以满足消费者的不同需求。

随着新消费群体的需求转变，消费者更加倾向于选择有针对性的洗护产品，护发产品的销售增幅也开始明显高于洗发产品。[①]在这样的市场环境下，具备较强研发实力的企业将更具市场竞争力。

其次，在美容美发行业中本土洗护品牌将迅速崛起，逐渐取代外资品牌在该行业的主导地位。曾经的洗护市场，长期以来的主导地位一直被外资品牌占据，但是随着科技的不断进步，随着新时代消费理念的转变，越来越多优秀的本土洗护品牌随之崛起，国货洗护产品也逐渐完成了对外资品牌销售量的反超。

由于科技的发展，和本土品牌对产品原材料的把握、对生产技术的执着和对消费者的敬畏，本土品牌在国内的市场占有率一路飙升，国货洗护也实现了品质和销量的跃升，国产品牌也将随着国潮的流行在洗护市场中进一步占据市场份额。

目前，国内美容美发行业的发展蒸蒸日上，尤其是中小型企业之间的竞争尤为激烈，且竞争方式大都以价格战为主，这也导致化妆品问题频出，阻碍了国内品牌的发展。近些年，美容美发行业相应出台了多部关于行业生产和安全标准的管理意见，对美容美发行业进行了前所未有的整顿，并加强了监督和管理的力度。在备案完善、监督加强及违法经营成本提升的背景下，中国美容美发行业将更加健康的发展，这就有效地保证了产品安全及功能性的效果，具有较强研发实力的品牌将在未来的市场中占据更大的市场份额。

---

① 《美容美发行业消费者洞察：消费者对护肤品的需求呈现多元化》，艾媒咨询，2022年7月1日。

悦己消费：新消费业态，悦己经济崛起

在消费升级趋势下，国内涌现了一批新锐化妆品品牌。这些品牌功能性强，产品品质过硬，营销思路更是紧跟时代的脉搏。这些品牌通过时下最火爆的社交媒体：公众号、小红书、网红电商等新渠道，不断地提升营销能力、推出爆款产品，增强自身品牌竞争力，并不断地在竞争中抢占国际品牌的市场份额。

新锐品牌更是敏锐地洞察到新消费群体的需求，实现了产品品类的精细化运营，凭借社交平台迅速响应外界反馈并做出调整，紧紧抓住了消费者的心理需求。有些新锐品牌已经在某些细分品类上突破了国际品牌封锁，并且取代了国际品牌，成为该品类中的"王牌商品"。

第二节
"悦己经济"时代下中国医美市场的美学新态势

在"悦己"的潮流之下，女性消费者在"取悦自己"这件事上所花费的资金将越来越多。

比起在护肤品和化妆品上消费，现在的女性更愿意把钱花在"立竿见影的美丽"上，也就是医美。而随着"90后"们相继迈入30岁门槛，轻医美也已经逐渐取代医美项目成为新的消费主流。非手术类的医美市场也因此得到了快速发展，用户占比持续提高。

近年来，越来越多的医疗美容机构都在做针对于年轻化的营销策略，各大社交媒体、短视频等互联网平台已经成为医美品牌争夺流量的主要阵地，并且宣传的产品也大都以年轻人更容易接受的轻医美为主。

轻医美是一个全新的概念，即那些有侵入性的但不涉及手术的美容皮肤科项目。不同于传统的医疗美容，轻医美创伤小、恢复快、风险低、价格也低，更容易被消费者，尤其是新时代的年轻消费者接受。

轻医美行业伴随着"悦己经济"市场也更加细分。适用于20岁以上女性消费者的有光子嫩肤、水光针等嫩肤类项目；针对30岁至45岁女性消费者的有超声炮、热玛吉和Fotona 4D为代表的抗衰类项目。除此之外，还有针对有祛斑、祛痘等需求的超皮秒、超光子、果酸焕肤等项目。全面满足女性消费者对美的需求，可以说，不同年龄段的人群都能在轻医美项目上找到最适合自己的那个。

而轻医美之所以在短时间内流行起来，除了不用动刀，没有心理负担之外，相对便宜的客单价也是吸引消费者的重要因素之一。后疫情时代下，人们一方面会尽量节约在大项目上的开销；另一方面对于颜值的追求又是女性消费者的刚需。这时候，在经济条件允许的范围内，又可以愉悦自己的轻医美项目，自然受到了万千爱美人士的追捧。在一些团购平台上，甚至只需1块钱的价格，消费者就可以购买到小气泡、脱毛、皮肤检测等轻医美体验项目。而在体验过之后，明显的效果、合适的价格必定可以让消费者为之青睐。但作为轻医美，由于免去了开刀的烦恼，轻医美能保持效果的时间也相对较短，虽然这是轻医美的一个缺点，但正是因为效果维持时间短，所以轻医美的消费也是一个周期性的消费，也就是使消费者的复购率远远大于普通开刀类的传统医美项目,较高的复购率也很容易让消费者和商家形成黏性和一定的信任度,以此来看,"保质期短"也就成了轻医美的优势之一。以肉毒素和玻尿酸等注射类项目为例,产品维持期通常在半年左右,要想一直维持颜值的水平,就需要持续地投入。数据显示,轻医美消费者复购率高达92%,复购的频率为每3个月到6个月一次。

在不久的未来,中国市场势必成为全球医美第一大市场。在"颜值即正义"成为一种流行的当下,轻医美将逐渐成为一种生活方式的体现,并且进一步向便捷化、多元化发展,让更多的消费者有条件尝试并从中受益。"悦己消费"也正在进入大众化时代。毕竟,取悦自己,是这世界上最天经地义的事情。

第三节
"小而美"消费展现美容美发行业强经济韧性

"她经济"下的现代新职场、新时代女性,有着经济独立、个性独立的明显特征,她们的消费特点也是时而冲动时而抠门,但是在"变美"这件事情上花钱却是永远不需要理由的。她们可能会因为可以便宜几块钱化身优惠券小达人,但是在美容店或电商平台买上千、上万元的美容卡和化妆品却从来不手软。由此可见,"她经济"下美业市场的规模之大、潜力之深。

规模如此庞大的美业市场，也面临着极大的挑战，很多门店由于各种原因关闭，新门店增速越来越慢，传统美业正在面临着诸多困局：获客难、库存积压、资金链紧张、流量转化率低且获取流量成本过高等痛点。

如今的"悦己时代"是颜值经济火爆的时代，人们对美的定义和追求已经上升到了另一个高度。正因为如此，传统美业已经到了不得不转型的关键节点。而"小而美"的方向就是保证美业在"悦己时代"能够生存下来并且成功破局的关键。

"小"指的不仅是规模小，更是产品及服务细分化。从业者不必刻意追求公司规模与体量，而是转向关注消费者个性化、多样性需求。

"美"意味着价值感。店面要精致、服务要细致、体验感要极致，重点则在于品牌的美誉度。

"小而美"的发展方向有助于美业在面临更大市场竞争和系统性风险的时候，有效地避免了资金链紧张、获客难、经营成本过高等一系列问题，灵活、能打的特点是"小而美"最大的优点。

随着年青一代消费者逐渐成为主流的消费人群，"我只做我喜欢的"也逐渐成为主流的消费动机。尤其是以20岁左右的年青消费者更为明显，很多人消费时就是自我观念极强，这代人的消费思维通常就是喜欢就买，不喜欢谁劝都没用的心态。

这也就要求新时代的美业商家，不能再是简简单单地贩卖产品和服务，而是要通过产品和服务，为消费者传递一种品位、一种态度、一种精神力量。通过对消费者真正需求的全面了解，剖析消费者的消费心理，并基于精准定位和精致服务打造运营体系和营销模式，从根本上满足消费者的需求。

目前，很多的美业商家只是为了满足消费者的美容需求，但新时代美业承载的将远远不止于此。美容美发只是最基本的需求，此外，它更应该是一个集精致生活与娱乐体验中心于一体的综合体，让美容体验更有趣、更温暖、更便捷、更个性化和人性化，从而慢慢褪去其明显的商业属性和营销属性。当代年轻人往往都拥有着极强的独立见解和思考能力，最讨厌的往往是在消费过程中层出不穷的营销话术和"圈套"。不仅如此，年轻人也大都比较嫌麻烦，在变美这件事上也是希望能够简简单单。避免不必要的烦琐流程、少点没用的套路。服务到位、效果到位、店铺格调喜人，才是获得新时代年轻消费者认可的重点。因此，美业商家在面对年轻消费者时，千万不要有过度营销的行为。

只有了解年轻消费者、抓住年轻消费者的需求，才能更好地迎接新消费时代的到来。新时代年轻消费者是非常注重消费体验的，场景化的体验式消费更是"悦己经济"的重要特征之一。对比年轻消费者喜欢的元素，二次元、元宇宙、国潮文化、嘻哈文化等均可作为主体借鉴到美业店铺的主体特色之中，明亮的室内环境、雅致的装修装饰、富有层次的灯光环境，营造出"网红店"适合拍照打卡的氛围，都在很大程度上是消费者做出消费行为的关键。"小而美"的美在细节、美在极致才是体现商家价值的最大因素。

精细化的产品品类和极致化的服务体验，是提升客户感受的重点。也是降低客户的预热成本、缩短感知时间、促使消费行为落地的关键因素。一个"小而美"的美业，才是未来美业经久不衰的原动力。

第四节 "悦己消费"盛行，商家要从趋势中创造价值

经济发展的速度越来越快，人们的生活水平也在不断地提高，"悦己消费"时代下人们对外在美的需求也日益提升。很多人对美容美发的需求已经不再仅仅停留在好看的阶段，要绿色健康、要紧跟潮流、要个性凸显等都是消费升级的重要表现。美业市场的规模是庞大的，但人们对美的需求也是多元化的、多变的。所以，无论是美业商家，还是美业的供应商，只有时刻保持对行业趋势的准确判断，才能从竞争激烈的市场中脱颖而出，创造价值。

趋势一："小而美"的多业态并存

"小而美"将是未来美业发展的趋势，个人工作室形式的小体量门店将会是未来美业发展的主流形式。基于消费者对互联网的痴迷，打造商家个人IP，通过社交平台引流、打造潮店将会是商家主流的营销手段。装修有特色，服务品质高，体验性好，并且能够充分满足消费者个性化需求的

小店将会是市场竞争中的赢家。

趋势二：市场持续细分，多元化趋势明显

综合店、工作室、高端店等各种商业形式将持续并存，并且所提供的产品和服务将越来越细分化，"专营店"的模式将陆续出现，小店以单一明星产品迅速出圈的可能将越来越大。

但综合店依然是非常有价值的经营方式，多元化经营可以解决客流和盈利的矛盾。但随着消费者的需求不断升级，综合店带来的挑战依然非常巨大。其原因一是经营难度很大，很难出圈，对经营管理者的挑战极大。其原因二是综合类店铺很难打造明星单品，在客户的心目中，仍然很难建立起专业感。

一批有专业技术支撑、用户体验更好的专业店将迅速占领各个细分市场，以专业、个性化的服务为基础，稳稳抓住追求个性化的年轻消费人群。

趋势三：消费者体验度敏感将持续增加

随着消费升级的增速越来越快，消费者越来越年轻，市场对价格敏感度持续下降，体验敏感度不断增加。线下的实体店，需要以体验度赢得客户。在竞争激烈的市场中，客户变得更挑剔且更难留存。

通过提升店内环境及服务质量只是提升体验感的基础，温馨的环境和个性化的服务美感，只会吸引一部分消费者。便捷、快速的服务体系同样有助于提升消费者的体验感，集合移动互联网的技术优势，线上预约、备

忘提醒、评价反馈、新品推荐等功能都会大大增强消费者消费的便利性，以提高消费体验。

趋势四：预存费模式将逐渐淘汰

美业普遍的充卡现象，让很多客户深受其害。随着新时代年轻消费者的崛起，他们更是对这种营销套路深恶痛绝，所以该现象将逐渐被市场所淘汰。目前，市场涌出的大部分不提倡充卡消费的商家，受到消费者的一致好评。

趋势五："美业+互联网"将成为新趋势

与健身、洗浴、餐饮等其他服务行业相比，美业的互联网化集成程度相对较低。但是随着互联网的发展和"网生一代"消费者的崛起，"美业+互联网"的新业态将逐渐成为主流的发展趋势。利用移动设备提升门店管理的便捷效率，运用微信和微信小程序、公众号等服务客户的预约、消费、意见反馈等消费流程，在实现便捷的同时也解决了用户黏性低的问题，利用互联网技术将门店设备联网，完整地记录并备份用户信息、健康数据、美容频次等，更多数据的归纳收集将更有利于针对客户提供定制化服务。①

趋势六：增值服务、溢价服务趋势明显

在互联网"流量为王"的当下，线下店面的经营也离不开互联网力

---

① 《调研报告"美业+互联网"行业的必然趋势》，网易，2018年11月12日。

量的加持。行业内人气高、排名靠前的品牌，都有着属于自己的"流量密码"。

作为以创造美丽为前提的美容店、美发店，他们不断地在社交媒体上策划并生产"潮流烫染+品质化装修"的视频、图片和文案。优美环境和经典案例的展示，是吸引消费者前来种草和打卡的首要条件。

不仅如此，结合备受年轻人推崇的元素提供增值和溢价服务，比如引入宠物、咖啡、电玩、潮玩等增值服务项目的同时，建立了品牌调性，留存了客户，甚至可以借此拓展业务边界。

第五节　美妆品牌须玩转颜值经济，实现"悦己消费"

在过去的十年中，活跃于国内美妆市场的是以国际美妆品牌为主，并且对于中国市场进行大量的持续投入和市场教育。国内消费者也逐渐养成了对美妆产品的消费习惯，当护肤的意识不断增强时，人们对于肌肤健康的理念也逐步形成。随着"悦己时代"的到来，追求容貌之美的"颜值经济"更是促进这个市场规模不断扩大。

市场规模的持续增大，美妆品牌更是要有玩转"颜值经济"的能力，只有帮助客户实现"悦己消费"，才能在未来市场越来越残酷的竞争中实现品牌的价值。

第九章 "悦己经济"助力美容美发行业稳健发展

受"口罩"原因和互联网电商的影响,服装百货行业与零售行业的实体店面纷纷紧缩,反之,美妆行业则是新店频开。基于消费者对美妆的需求的特殊性,还是需要消费者走进实体店完成消费,但在走进店面前,消费者往往已经通过各种途径获取信息,她们走进实体店面的原因也是源于对于体验的期望,也因此美妆行业始终走在了体验零售的最前沿。

消费者仍然会走进美妆店面进行消费的原因,一是出于对产品的体验,二是依赖美妆顾问的专业能力。但在全新环境下,营销更加注重围绕消费者需求,尤其是各种智能化体验工具的出现,很多美妆品牌也加入"科技+美妆"的潮流。包括AR、VR等在内的技术,让消费者更是不用走进店面便可随时随地地进行体验。这也是头部品牌更加倾向的新营销方式。

例如,某国际一线美妆品牌集团宣布收购了一家美妆技术公司的全部股份[1],该公司是一家擅长AR与人工智能等创新技术的公司。收购的目的也是将这些技术应用于集团旗下品牌的美妆体验中。美妆科学技术中涵盖了各种皮肤诊断和检测功能,例如,结合皮肤科医疗视频技术、模拟皮肤变化的实时视频技术,监测和评估黑色素、皮肤干燥、肤色不匀、痤疮、皱纹等多种皮肤问题,并可以为消费者提供使用护肤品前后的变化对比图像,大大提高了客户的消费体验满意度。

事实上,美妆品牌对AR技术的拥簇,为客户提供试妆体验只是AR

---

[1]《欧莱雅宣布收购科技公司Modiface,数字化营销的浪潮还能持续多久?》,第一财经,2018年3月22日。

技术带给美妆品牌的功能之一。品牌还可以通过收集后台数据形成消费者大数据，用于分析用户的喜好、消费习惯等市场反馈，并以此作为数据支持进行精准推送。

作为新时代的消费者总是伴有明显的互联网社交属性。消费者在对美妆产品有需求时，会第一时间打开社交媒体搜索产品测评，或者在其关注的美妆KOL的分享内容中寻找资讯，这就是如今的消费者行为的明显特点。

因为美妆行业市场的庞大，和"颜值经济"下对美妆品牌的刚性需求，使涉及美妆领域的受众更广，美容产品比其他品类产品更容易受到网民的关注而带来流量。什么好用，什么流行，总能在社交媒体引发持续的关注和讨论，这也就是社交平台上美妆博主比较容易成为网红的原因。也正是因为如此，美妆品牌也非常乐于与KOL进行合作，也更加便于推广品牌的知名度和美誉度。

"悦己时代"下，商家不可忽视社交媒体与KOL的力量，能否有效地利用新时代流量方式进行宣传，是美妆品牌能否在"颜值经济"下打动消费者的关键。

"颜值经济下人人平等"，爱美是人的天性。正是因为如此，护肤和美妆产品也已经不再是女性消费者的专利。随着"自我实现"的呼声愈演愈烈，越来越多的男性消费者也加入肌肤护理和美容的行列。并且，随着社会文化的发展，在审美观念的改变和社交媒体的大肆宣传下，男士美容产品领域不断成熟和壮大，为"颜值经济"打开了全新的领域。

由"00后"一代组成的消费者，逐渐成为引领美容产业发展的最大消费群体。他们追求个性、成功与自我，丝毫没有受到传统理念的影响，男性也同样为自己的颜值加分而努力。许多男性更是将护肤作为日常生活中重要的一部分，在他们的意识形态里，高品位、高修养、精致而优质的生活也同样是男性消费者所追求的悦己生活方式，健康的皮肤更是他们维持自我状态、实现自我价值、享受精致生活的体现方式之一。防晒、护肤、补水、祛痘祛斑，男性消费者对于美妆产品的需求也已经远超过剃须的范围。

新的男性美妆领域对美妆行业是机遇，也是挑战。男性消费者相比女性消费者更难把控的一点，是商家无法确定最终消费行为是由男性消费者完成还是由其伴侣——女性消费者来完成，因为大多数男性美妆用品都是由女性来购买的。还有一个原因就是，男性目前还不像女性消费者那样乐于在社交平台上分享产品的使用经验。

第十章
"悦己经济"其他细分赛道的"悦己"趋势

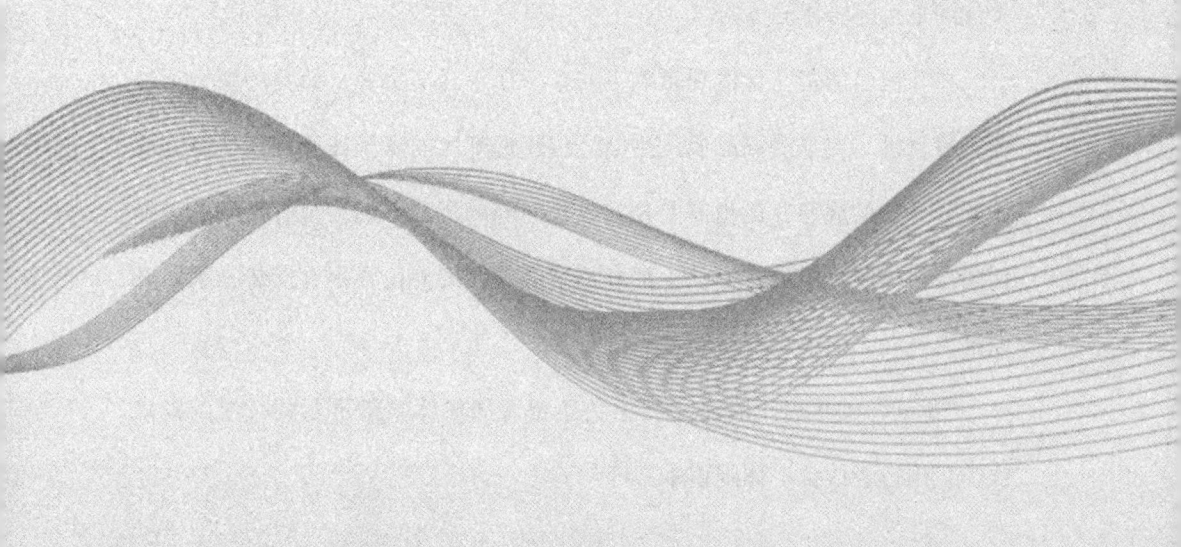

悦己消费：新消费业态，悦己经济崛起

第一节 "悦己"价值观促进购房需求新变化

在"悦己"时代全新消费观念的影响下，新时代的消费者对居住生活场景的需求和对美好生活的追求也发生了很大的改变。很多以往看似非必要的因素正在改变着消费者对购房的需求。

新时代的"悦己"消费者在购房时，关注的首要因素是房屋的居住体验，而不再是其作为资产的升值空间。购房者往往更关心小区是否有地铁，配套设施是否健全，餐饮购物是否方便等因素。相比之下，住房是否邻近市区，未来是否可以升值，这些因素就变得不那么重要了。消费者更关注的是实际居住的体验。

在"悦己消费"价值观影响下的新一代年轻消费者，消费的宗旨就是要善待自己，要享受高品质的生活。位于远郊区的房子即使规划得好，成为配套齐全的成熟社区也需要相对较长时间的沉淀。如果没有足够的设施保障居住体验，没有良好的生活和消费体验，即使价格再有优势，未来升值潜力再大，也很难打动如今的消费者。

"悦己"的年轻消费者心目中关于提升居住体验最重要的三个因素依次为：出行、饮食、休闲娱乐。

"建筑的外观设计很重要,如果小区的外形都不符合我的审美的话,我都根本不会走进去,要不然每天出门或者回家光是看着都觉得烦。"这就是所有"悦己"消费者关于购房的看法。

"颜值即正义"是"悦己"价值观带来的消费理念中非常重要的一部分,很多年轻人排队、加价抢购星巴克的猫爪杯、收藏乔丹运动鞋、花高价购买限量版盲盒等——一系列行为始终在验证"颜值即正义"的消费价值观。在大部分年轻消费者心中,"颜值即正义"已经成为一种共识,并且已经延伸到几乎所有消费行为的判断标准。在购房中也不例外。

正因为如此,住宅的建筑风格和外立面的颜值开始上升。购房者接触到房产项目,无论是在售楼处看沙盘,还是到实地考察现房,首先看到的一定是住宅的外观。如果该项目的外观设计不能够满足年轻消费者的审美需求,就像其所说的,压根不会走进去,哪怕房产的格局再合理,用料再扎实,都无法打动消费者。相反,如果小区环境优美,楼房外形设计极具时代感和潮流感,年轻消费者期待值就会随之提升,相对也更能接受项目的较高的价格。

根据调查,目前在售和在建的住宅项目中,现代风格立面数量最多,占比接近50%;随着中国传统文化的影响不断扩大,新中式风格的设计也逐渐成为潮流并作为房企拓展城市布局、提升项目溢价和品牌影响力的重要方式。

不仅如此,在"悦己"观念的影响下,消费者对社区环境的要求也在逐年上升。从社区的整体布局是否合理,到绿化面积是否充足,再到社区的容积率是否合理，都是消费出于居住体验首先考虑到的因素。此外，对社区园艺的需求也已经从原有的高价值逐渐转向高设计感。传统消费者关心的是小区园艺是否采用了名贵的树木和花草，以此判断小区的档次和含金量，因而比较注重社区植被的造价。而新时代的年轻消费者却不然，他们看重的是社区的园艺设计是否新潮，是否有个性的体现。所以，即使是选择普通的植物，开发商也可以通过选择知名的园艺师，通过其独特的造型和巧妙的设计来提升社区的特色、提升社区的品质。

"悦己"消费的一个最大特点就是要"爱自己"，即在做消费行为时首先考虑的是自己是否喜欢，是否符合自己对生活的需求。在家居生活中也如此，消费者首先要考虑的就是要有属于自己的私密空间。所以在选择住房时，新时代消费者更愿意选择三居室、四居室这样的大户型，用于满足自己对兴趣爱好的追求。电竞房可以提升游戏爱好者的愉悦度，玩具房可以供年轻人陈设、欣赏自己收藏的手办，而独立衣帽间不仅方便打扮自己，更是年轻消费者追求精致、高品质生活的证明。甚至有的年轻消费者专门为自己收藏的乔丹篮球鞋准备一间独立的屋子，用于将自己的"爱鞋"陈列、展示或与同好的伙伴分享。

随着消费者的不断迭代和消费观念的持续升级，把握市场的趋势就是把握商机。随着"悦己消费"在年轻消费者中越来越受追捧，"悦己"式的消费理念也已经在购房行为中有明显的体现。要想获得年青一代购房者的追捧，就必须遵从新时代的理念，合理的社区格局、设计鲜明的建筑风格、时尚潮流的园林造型，都是俘获年轻消费者的有利条件。迎合年轻人的口味，遵从"悦己消费"观念，深度剖析年轻消费者诉求，将有利于房企在新消费浪潮中居于不败之地。

第二节 "悦己经济"加快了新能源汽车发展新趋势

伴随新冠疫情防控平稳转段，中国消费市场逐渐复苏，根据中国国家统计局数据显示，截至2023年5月，中国商品消费继续增长，汽车、餐饮、文化及旅游相关服务消费持续回暖，网络购物等也随之占比稳步提升。新技术、新设计、新体验等新品消费规模和增速不断走高。[1]

中国消费增长与创新具有强劲的增长动力和广阔的发展空间，中国巨大的消费市场也会成为具有全球影响力的"世界市场"。一批万亿级消费增长点成了重要动力源。这些增长点包括：新国货、数字文娱、宅生活服务、新能源汽车等。[2]

根据公安部交通管理局发布的数据显示：18~24岁驾照持有人数量超过4000万。这个数字代表着中国汽车市场庞大的潜在购车人群规模，对于中国汽车产业来说，购车人群年青化的趋势已经不可阻挡。

---

[1] 2023海河国际消费高峰论坛，京东集团副总裁、首席经济学家、京东经济发展研究院院长沈建光，2023年6月28日。

[2] 2023海河国际消费高峰论坛，国务院发展研究中心市场经济研究所所长王微，2023年6月28日。

悦己消费：新消费业态，悦己经济崛起

《中国新生代人群汽车兴趣洞察报告》指出，70.4%中国年轻汽车兴趣人群计划在5年内购买个人名下的车辆，这意味着未来5年仅在新车销售层面，中国汽车市场中年轻人群体量将可能超过百亿，年轻群体的兴趣喜好对汽车行业发展有着重要影响。此外，年轻人群表现出更高的车辆置换意愿，对于已有自己名下车辆的人群，选择计划在3年以内和3~5年内这两个时间段进行车辆置换的年轻人群比例明显更高。

在车辆偏好方面，年轻人群与整体市场现状类似，自主品牌、德系和日系轿车依然是中国年轻人目前比较关注的类型。他们在自主品牌的信息获取上也体现出了较高的偏好度，在整体用户中的阅读量占比达到18.2%，高于平均水平。

在品牌关注度上，自主品牌则呈现出了百花齐放的态势，在关注度前10名的榜单中，吉利、领克、长安、比亚迪等品牌占据4席；在排名前20名榜单中，占据7席。

对于新能源汽车，年轻人的购买意愿如何？南都大数据研究院调查结果显示，34.97%的受访青年表示想购买新能源汽车，其中"已购买"和"打算购买"的比例分别为5.91%、29.06%；①中国十大新能源汽车排名为特斯拉、比亚迪、小鹏、蔚来、理想、威马汽车、几何汽车、广汽埃安、长城欧拉以及哪吒汽车，等等。②

可见，中国消费者群体在自主品牌上的偏好已经实现由点及面的发

---

① 参见：《南方都市报》，2023年8月3日。
② 蔡金盛：《国内新能源汽车排名十强》，2023年8月13日。

展，中国汽车市场也涌现出一批顺应年轻群体个性化需求的新势力自主品牌。

不仅如此，善于拥抱变化的年轻人对新能源汽车的关注度也体现出了快速增长的趋势。年青一代消费者更加钟爱新能源概念、更加追求操控性和驾驶体验，随着充电和续航两大发展难点逐渐被攻克，新能源汽车将会越来越多地进入中国年轻人车辆选择中的主流视野。[1]

在市场需求多变、产业结构升级、竞争全面展开、资源环境约束等挑战下，国内各行各业均在朝着以消费者运营为核心的高质量发展新模式迈进。尤其是在"悦己"模式的发展下，以消费者需求为核心已经成为众多汽车品牌发展的核心方向。

在2023年的车展上，某自主新能源汽车品牌，围绕"情感智能，悦己而行"的主题举办品牌升级发布会，宣布将聚焦"悦己"的情感诉求，通过产品和用户体验为用户创造悦己生活。不仅如此，该品牌以主题为"真智能，才安全"智驾体验活动在全国各地纷纷开启，以行业领先的高速NCA智驾导航辅助惊艳了众多消费者。该品牌希望用户在感受新能源汽车的智驾体验极"智"魅力的同时，更能切身地融入生活场景之中，尽享悦己生活。

为了让用户能够拥有更好的用车体验，各大汽车品牌的智驾系统纷纷打出"王牌"，摆脱高精地图的依赖，解锁更多城市的智驾功能。不仅如

---

[1]《中国新生代人群汽车消费进入"悦己"时代，智能化功能影响购车决策》，环球网，2021年4月19日。

此，各大品牌还相继推出品牌的原生车机操作系统供用户选择，以持续性的产品进化，提升智驾体验和智能体验，为消费者、用户带来全新的出行生活。①

第三节 "悦己经济"加持了的中国日化市场新风向

新消费时代已经到来，几乎所有的行业、所有的品类都在为迎合新消费人群的"悦己需求"而进行着产品创新和品牌的重新定义。原本已经是红海市场的日化行业更是如此。当其在功能性创新方面已经达到一定的瓶颈的当下，新的创新方向只能向产品在主打功能卖点以外的附加属性靠拢，如特殊功能或其他特性的需求。

"悦己主义"，是新消费人群——年青一代消费者最重要的消费标签之一，这种因为新消费人群的"悦己"需求而催生的一系列消费行为的变化，就构成了"悦己经济"。

"悦己经济"的崛起为各行各业都带来了增长，如健康、美容、鲜花、宠物、轻奢、电子产品、盲盒和自我成长课程，等等。

日化行业也在针对消费者"悦己"这一点，不断进行着创新的尝试：比如，添加额外的有益成分、产品设计更加年轻化、有针对性地满足年轻

---

① 《以"悦己"之名，阿维塔11助力用户体验极"智"魅力》，易车网，2023年5月6日。

个性需求的痛点等；近些年，消费者出于对日化产品的安全性、健康性越来越重视，"天然"和"有机"的卖点也就俨然成为人们选购日化用品时的首选。

当下，日化行业正在形成一股新风向——"香"。

几乎同所有的消费品一样，人们在购买日化产品时的需求也是从开始"能用就行"的观念和态度快速地朝追求品质、追求个性的方向发展，"悦己"已经成为消费第一需求，相比看重购买商品的"使用价值"，现在更加看重的是商品对于消费者"情绪价值"的满足，这也为整个日化行业开启了一个新时代——进一步品牌分化的时代，整个产业也因此获得了全新的生命力。这也是为什么尽管全球经济发展不确定性越来越大，而中国的日化市场依然稳中有升的原因。

这种转变的背后，就是"悦己经济"的真正含义，而贯穿生活的日化产品，最有可能成为人们愉悦自我的载体。调查显示，超过七成的消费者在购买日化产品时非常在意产品是否能为其提供情绪价值。

而"香"则是一种非常容易给人带来积极情绪价值的因素。香味可以放松心情，缓解疲劳，抵抗焦虑，能够彰显个性与魅力。这些直接感官体验可以直接促使和影响消费者达成购买的决定。调研数据显示，"有好闻的香味"会让超九成的消费者在使用日化产品时感到兴奋和愉悦。

于是，这种由"香"带来的情绪价值成功地将日化产品品类进一步细分——香氛型日化产品应运而生。该品类一经推上市场，就受到新一代年轻消费者的一致好评。新一代消费者更是对香氛产品有着巨大的需求，数据预测，2021~2025年，中国香氛产品市场年复合增长率约为20.5%，未来发展潜力巨大。

在社交媒体平台上，日化行业与"香"相关的内容也已经成为网友关注的新热点，相关内容非常受网友们欢迎。2022年上半年，在短视频平台上，与日化行业"香"有关的短视频发布量超过240万条，同比2021年上半年数量快速提升。并且"追香圈层"人群 互动频繁，同期社交媒体日化行业与"香"有关的内容点赞量超7900万，评论和转发量分别超过950万和830万。而且，其话题影响力还在不断扩大。这也直接决定了日化品牌营销宣传的方式和渠道。

在"悦己"风潮下，日化品牌已经纷纷开始发力，深度研究消费者的"悦己"需求，寻找能够触动消费者的点，去触达新消费人群的理念、思想和态度，以此影响社交平台上更大的公域流量，提升品牌形象和价值。

针对"香"这个日化行业的新风向，众多品牌正在结合自身定位，根据不同的用户画像，在各个社交平台及短视频平台上，有针对性地采取不同的形式和方式进行营销宣传，紧跟"香"字新风向，最终找到了适合自己的"流量密码"。

第四节　"悦己经济"爆发了酒饮市场新场景

曾几何时，在国人的餐桌上还是以啤酒、白酒和黄酒为主，冷不丁地出现的红酒和洋酒都是一件非常"时髦"的事情。但如今在商超货架上，各种酒类琳琅满目，尤其是新酒饮产品越发丰富。不仅如此，有关宅家自制酒饮、调酒的话题在社交平台上的热度更是越发高涨。据调查报告显示，果味啤酒、无醇啤酒与热红酒香料包的销量，近一年同比增速分别达25%、210%、270%。[①]

如今，低度酒的消费已在全球范围内逐渐得到确认并逐渐成为未来饮酒的趋势，市场空间非常广阔。但低度酒饮的发展仍然面临着很多营销方向的问题，新品类想要获得消费者的认可并最终形成消费习惯，还有很长的路要走。

在"悦己"消费观念的影响下，酒类茶品已经慢慢褪去礼品和社交属性的"外衣"，新时代年轻消费者饮酒更多的是享受，是一种惬意放松的生活方式，因此微醺就形成了一股潮流。在商超、便利店等线下实体店中，低度酒、果酒、果味啤酒、无醇啤酒等新酒饮产品品类越发丰富。无

[①] 《京东618消费新趋势》，2023年。

独有偶,在社交平台关于"微醺"的热点话题有超过123万条,更是有超过了5000万次的阅读量。新酒饮正在以各种各样的方式走进了许多消费者的生活当中。

在"6·18"购物节中,新酒饮产品的销售数据同样十分亮眼。公开数据显示,某电商平台"6·18"会场全期成交额同比增长55%,其中,果啤成交额同比增长超2倍。

报告显示,茶类、酒类、咖啡三大品类正在面临不断的跨界与改良。其中,啤酒、咖啡出现了明显的向"果饮化"跨界的趋势,而果味啤酒年销售同比增速达25%。此外,"现成饮品"已逐渐向"自制饮品"发生转变。伴随着"宅家调酒""煮红酒"等新鲜的喝酒方式成为社交媒体热门话题,消费者也开始跟风选择更加个性化、低成本的方式制作不同口感、甜度、款式的酒饮。京东平台销售数据显示,无醇啤酒、热红酒香料包近一年销售额同比增速分别达210%、270%。

除了消费者在热衷于尝试新酒饮产品外,新酒饮行业的入局者数量也在与日俱增。数据显示,2020年,有超过5000家低度酒的新酒饮品牌入驻电商平台。2021年第一季度,有超过2000家酒类品牌在电商平台上的销售增速达100%,其中,低度酒品牌超过1000家,占比达57.8%。此外,传统白酒头部企业也相继推出新酒饮产品,欲分一杯羹。

值得关注的是,资本市场也对于新酒饮市场很感兴趣。数据显示,2022年,有8个低度酒品牌获得投融资。而在2021年,更有超39个与低度酒有关的项目获资本青睐。

第十章 "悦己经济"其他细分赛道的"悦己"趋势

新酒饮行业的爆火,离不开新消费人群的迭代与消费端消费理念上的变化。在线上渠道中,无论是消费体量还是人均消费水平,"90后"与"95后"消费者对于新酒饮的消费都呈现持续增长态势。其中,"95后"人均消费增速提升最快。年轻消费者正逐渐成为酒水市场,尤其是新酒饮市场的重要增长动力。

中国消费市场在不断地升级,伴随消费升级一同到来的,就是"悦己"消费的日益流行。对品质、对健康的追求也成为酒饮消费的主旋律。消费者的饮酒习惯从传统白酒、啤酒向口感更好、酒精度更低、健康和微醺的新酒饮方向转变。小酌也变成了新一代消费者常见的休闲放松方式。

此外,与动辄几百元、上千元的传统酒类产品不同,大部分的新酒饮产品的单价相当便宜,大部分在几十元至百元间,相对较低的门槛让大多数消费者可以轻松迈入新酒饮的殿堂。

新酒饮作为酒水行业的细分领域而言,本身就是顺应"悦己"理念、顺应新一代消费者、新消费需求而诞生的。这种新消费需求在市场上也拥有着蓬勃的生命力,并且还将会持续发展。也正因为如此,新酒饮行业拥有着十分可观的市场发展前景。

新酒饮作为全新的消费品类虽然一直持续火爆,但是在产品端设计和渠道供应链上仍存在很大的问题。

目前,新酒饮产品多以青梅、葡萄味为主。其中,青梅酒产品在某一电商平台就有超2万款类似的产品。同质化严重是当前新酒饮市场最严重的问题。而品牌首先要解决的是留存的问题,其次在不断地对市场的摸索当中梳理自己的品牌特性，开发自己的明星产品，这样才能吸引消费者并与消费者达成品牌信任。而渠道则是所有新酒饮面临的一个普遍问题，新酒饮品牌大都诞生于线上，线上营销、线上宣传，最后才是线下销售。然而，懂得线上流量打法的创业者不少，但同时有线下渠道资源的则少之又少。目前，电商在酒饮品类的渗透率只有不足5%，所以，作为酒类品牌线下渠道布局就更显弥足珍贵。新酒饮要想破局，全力拓展线下渠道，是任何品牌都必须要过的一关。

第五节 "悦己经济"带动了宠物消费新需求

社会的进步和"悦己时代"的到来，使人口结构化、城镇化的发展趋势已成定局。较快的生活节奏和"悦己"的生活态度，不知不觉中加速了宠物行业的快速发展。伴随着中国独居人口数量的增加，宠物作为情感依托的作用也变得越来越重要。中国目前的单亲家庭人口数量已经超过1.25亿人，也是目前饲养宠物的主力军。收入高、学历高、年龄低、宠龄低，是新时代"铲屎官"的四大特征。

"活得自我、活得洒脱"的悦己生活方式促使了丁克家庭和单亲家庭的增多，而饲养宠物也成为他们寻求陪伴的方式。伴随着快节奏的生活，越来越多的年轻消费者也将萌宠视为生活的情感寄托，这一切都拉动了宠物经济的快速发展。

互联网和社交平台的崛起,更是让"萌宠"成为诸多社交平台上相当重要的分类。尤其是在短视频红利阶段,很多宠物博主都成了坐拥百万粉丝的网络红人。饲养宠物的日常、段子频频地在社交媒体平台上曝光,在带给网民快乐的同时,也形成了独特的宠物流量经济。比如,在全网拥有一千多万粉丝的宠物网红博主"料理猫王",就是凭借着精湛的厨艺和可爱的动物形象,圈粉无数。

随着经济的快速发展,人们的生活水平和收入水平得到了极大的改善,随着收入的增加,人们更加追求精神生活的富足和充盈,这也是推动宠物经济蓬勃发展的重要原因之一。

目前,中国宠物及其用品市场一年的总交易额已超过100亿元。不仅如此,宠物市场以及宠物后市场已经形成了一条完整的产业链条,宠物养殖、宠物培训、宠物医院、宠物美容、宠物食品用品、宠物寄养等一应俱全。中国宠物行业从业人数更是超过百万人。"铲屎大军"的蓬勃壮大,宠物经济逐渐成为市场经济中不可忽视的重要组成部分。

在"悦己经济"的大环境下,"铲屎官"不但追求自己精致、品质、个性的生活态度,更是将"悦己"变成了"悦宠",不遗余力地为爱宠打造完美、极致的生活体验,这也为宠物市场带来新的变革。

首先,宠物用品越来越高档。在新时代消费者眼中,宠物已经从陪伴变成了最亲密的伴侣,甚至是家人。越来越多的消费者也更愿意花大钱来照顾它们。目前,市场上的宠物用品,不仅更加多元化、更加精致,也更

悦己消费：新消费业态，悦己经济崛起

加高档，以至于很多国际一线奢侈品品牌也都陆续推出宠物产品。

其次，宠物食品也在不断地向多元化、精细化、功能性方向发展。伴随着生活水平的不断提高，"毛孩子"的口粮早已不再是曾经的剩菜剩饭，专业的宠物口粮成为"毛孩子"的一日三餐。不仅如此，单一的膨化粮已经无法满足宠物主对"毛孩子"的爱，以鸡肉、鳕鱼、牛肉为主要成分的鲜肉罐头和各种营养丰富的冻干肉更是成为"毛孩子"的美味。

再次，宠物寄养市场越来越成熟。在"宠物经济"大行其道的今天，宠物寄养作为宠物后市场中的新起之秀一举成为"宠物经济"中市场前景最大的一种。造成这一现象的原因就是每逢假期，宠物主们或忙于外出旅游，或走亲访友，无暇照顾爱宠，宠物寄养行业也就随着出游高峰的到来而迎来了黄金档。不仅如此，如今的宠物寄养行业更是多元化发展，已经不单纯地是提供寄养服务那么简单了。宠物培训、宠物医疗、宠物美容等业态都在慢慢地被寄养机构纳入服务范围。虽然寄养宠物的花费昂贵，但是宠物主们纷纷表示，在外出期间将宠物送到寄养机构进行照顾是最好的选择。

然后，宠物饲养逐渐呈现智能化的趋势。"要陪伴也要解放双手"是新时代年轻宠物主的一致诉求。这也促使了宠物用品市场逐渐向高科技、智能化的方向发展。全自动的精细宠粮投喂器、全自动的活水循环饮水池、自动清理的猫砂盆等迅速火遍宠物用品市场，并得到了宠物饲养主的一致好评。

最后，另类宠物越来越受到人们的欢迎。随着人们对宠物的需求不断增大且越来越多元化，另类宠物逐渐成为宠物经济的新宠儿。为了满足"00后""Z世代"消费人群对个性生活和特立独行的生活方式的需求，宠物市场中逐渐出现了区别于猫、狗等传统宠物的另类宠物。如今的宠物市场中，各种冷血爬行动物、稀少的有袋动物、迷你类的啮齿动物等宠物在宠物市场上开始活跃起来，与其相应的配套产品也层出不穷。

第六节 "悦己经济"催生电商B2C鲜花订购服务模式

随着社会经济的发展，"悦己"消费观念的不断升级，消费者越来越注重生活的品质。在"悦己经济"下，消费者更愿意为"取悦自己"的商品和服务买单。鲜花因为有着与生俱来的美学属性，逐渐成为新消费时代女性消费者钟爱的商品，无论是装饰环境还是单纯地欣赏，抑或是享受其味道，鲜花已经成为消费频次最高的商品品类之一。在新零售、大数据、移动互联网等的驱动下，鲜花电商迎来重要的发展机遇。

在2022年"双十一"期间，我国某鲜花电商品牌全网销售量超过260万束，成为当年"双十一"活动中首个销量破千万的鲜花品牌，其电商旗舰店销量同比增长158%。[1]

---

[1] 《鲜花电商狼烟四起，花点时间的"悦己"生意还能香多久？》,CSDN，2021年11月26日。

悦己消费：新消费业态，悦己经济崛起

从2016年到2020年，我国鲜花电商市场规模也是呈现逐年递增态势。2016年，我国鲜花电商市场规模约为168.8亿元，到2020年，其市场规模便增长至720.6亿元，同比增长34.67%。[①]

随着鲜花电商行业市场规模的不断扩大，新加入的品牌也越来越多。近年来，我国鲜花行业相关企业新增注册量逐年上涨。天眼查数据显示，2020年，新增71.72万家鲜花相关企业，目前在营业的鲜花行业相关企业累计285万家。

我国鲜花电商行业的火爆，很大程度上与消费者对鲜花需求的激增有关。而需求增加的背后反映的是人们对鲜花消费日常化的体现，更是消费理念、消费思维的转变。

一直以来，鲜花在人们的消费意识中多是一种仪式感的体现，鲜花消费场景多是在各种节日，比如母亲节、情人节、圣诞节等特殊时间，抑或是求婚、晚会等特殊场合才会用到。伴随着我国第一个鲜花零售品牌的成立，改变了以往人们对鲜花的消费诉求，该品牌提出了鲜花"悦己"的理念，并推出"预购+周期购"模式，创造性地将鲜花由礼品或者特定场合的道具重新定义为取悦自己、精致生活的消费品。另外，随着"她力量"的崛起，女性消费者开始转变自己的购物理念和生活方式，开始追求品质生活与精神享受，借此原本就受女性钟爱的鲜花逐渐融入她们的日常生活中，让鲜花消费走向了日常化。

从2020年我国鲜花电商用户购买者的主要目的来看，已有超过30%

---

① 《2022年中国鲜花电商行业分析报告——行业发展格局与投资潜力评估》，2023年。

的消费者是出于家居装饰目的购买鲜花；有 20% 以上的消费者是为了表达爱意或作为节日礼物购买鲜花；值得注意的是，有 17.9 的消费者是出于自我愉悦的目的购买鲜花。

从 2020 年我国鲜花电商用户购买鲜花的频率来看，周期订阅鲜花占比最大，达到 35.0%；其次便是节日购买，占比 24.2%；再次是定期购买的用户占比也达到了 22.9%。

可以看出，我国消费者对鲜花的消费逐渐趋向日常化。但是，在全球范围内，我国消费者对鲜花的日常消费比例仍然远不及发达国家。根据荷兰花卉协会统计的数据，当前日本、美国日常鲜花消费的比例分别达到 30%、40%，而我国日常鲜花消费占比仅为 5%。因此，我国鲜花消费日常化还有很大的发展空间，鲜花电商市场发展空间广阔。[①]

传统鲜花的交易像其他零售商品一样，需要经过交易市场、一级、二级批发商等发往全国各中小城市，再交由零售商并最终送至消费者手中。交易过程时间过长、鲜花耗损过于严重，再加上中间每层批发商需赚取差价，致使鲜花的终端交易价格非常高。而有了鲜花电商的介入，互联网营销的方式让消费者直接对接花农与花店，缩短了中间不必要的流通环节，而且鲜花电商不需要实体店，运营成本也相对较低，更重要的是，互联网销售模式减少区域局限对市场发展的阻碍。因此，我国鲜花行业已经完全脱离了传统的供应链时代，向精细化运营的时代转型。

目前，我国鲜花电商行业的业务模式主要由 O2O、B2B 和 B2C 三种组

[①] 《2022 年中国鲜花电商行业分析报告——行业发展格局与投资潜力评估》，2023 年。

成[①]。其中,O2O业务模式下,赚取订单差价是该业务模式最主要的盈利模式,但是随着鲜花电商的兴起,该业务模式也随着流量红利逐渐消失而慢慢淡出了市场。B2B业务模式则主要是赚取层级批发的差价,不仅需要整合产业链中的上下游,而且其信息服务成本较高。B2C的模式则是花农批发商等鲜花源头直接面对消费者,消费者线上订购,由源头直接发货,既减少中间流通环节,大大减少了鲜花因转运造成的损耗,同时源头供给者还可面向消费者开放鲜花体验课程等一系列衍生服务,利润高并且业务增值空间较大。

[①] 《鲜花电商的三种行业模式 产业链流通环节将是最大盈利点 鲜花电商市场运行分析报告》,中研网,2023年3月31日。

后 记

"悦己经济"作为一种全新的经济形式，在改变着广大消费者心理的同时，也在改变着与我们生活息息相关的各个行业。

在"悦己经济"的影响下，人们不仅仅在追求商品本质以外的价值，还通过附加于商品之上的价值来达到实现自我的目的。女性在追求美的同时，更在追求精致的妆容和品质、健康的生活方式；年轻人追求时尚、追求个性，但又极其推崇国潮文化；单身人士追求惬意的生活、享受精致住宅的同时，也在享受"毛孩子"的陪伴；每个人群都能在"悦己精神"的指导下找到属于自己的快乐生活方式。

"悦己经济"更为各大行业、业态的发展提供全新的商机和动力。在"悦己经济"的推动下，鲜花成为人们日常消费的宠儿；二线的旅游资源成了"网红打卡地"；轻医美、新酒饮等新兴行业更是由"悦己经济"催生而来。

"悦己经济"在推进消费升级的同时，也在改变着各种各样业态的营销模式。商家和品牌不再是单纯地售卖商品，而是向消费者售卖情绪价值。消费者购买的也不只是商品，而是在享受着一种从未有的场景式消费体验。"悦己经济"在敦促着商家不断地提高商品品质、关注消费者物质需求的同时，更要关注消费者的精神需求。

随着社会文明的发展和社会生产力的进一步提升，"悦己经济"或将以其他的形式走进我们的视野，以更新的经济形态、更强的渗透力、更积极的作用，持续地影响着我们的生活和经济的发展。